대입 자기소개서

- 자기소개서의 이해와 실제 -

대입
자기소개서
- 자기소개서의 이해와 실제 -

ⓒ 유지훈, 2017

초판 1쇄 발행 2017년 6월 30일

지은이   유지훈
펴낸이   김양운
편집   좋은땅 편집팀
펴낸곳   도서출판 토미타미
출판등록 제 2017-000011호
주소   경기도 화성시 동탄면 동탄대로 9길 20 2613동 1902호 (동탄2LH26단지아파트A65BL)
전화   031-8043-0936
이메일   yangu19@naver.com

ISBN   979-11-961282-0-3 (43370)

이 도서의 국립중앙도서관 출판시도서목록(CIP)은 서지정보유통지원시스템 홈페이지(http://seoji.nl.go.kr)와 국가자료공동목록시스템
(http://www.nl.go.kr/kolisnet)에서 이용하실 수 있습니다. (CIP제어번호 : CIP2017014716)

현직 교사의 대입 합격
자기소개서 작성 노하우

대입 자기소개서

10일 완성

저자
타미쌤 유지흔

도서출판
토미타미

차례

프롤로그 6

자기소개서의 위상 8

자기소개서란 무엇인가? 11

1일차: **생기부에서 중심 내용 찾기** 13

2일차: **문항에 따른 알맞은 내용 분류하기** 40

3일차: **옥석 가려내기** 53

4일차: **글의 구성 방식 정하기** 64

5일차: **세부 내용 갖추기** 76

6일차: **문장력 기르기** 98

7일차: **성공자의 말에 귀를 기울이자** 123

8일차: **점검하기** 159

9일차: **피드백 구하기** 168

10일차: **자기소개서 제출하기** 178

에필로그 181

프롤로그

안녕하세요?

고등학교 3학년 영어교사 및 담임교사로서 수년간 자기소개서 작성 지도를 해 왔습니다. 우선 무엇을 해야 하고, 그 다음에 어떻게 해야 할지 당사자들과 고민했습니다. 고민한 내용을 일목요연하게 기록하면 후배들에게 도움이 될까 싶었습니다. 두 가지를 중심으로 이야기하겠습니다.

첫째, 자기소개서는 생활기록부를 바탕으로 하는 기록입니다. 물론 생활기록부에 있는 내용을 그대로 기록하라는 말은 아닙니다. 생활기록부를 활용하라는 말입니다. 생활기록부를 하나에서 열까지 자세하게 훑어본 다음에, 어떤 내용을 기록할지를 결정합니다. 그런 다음 그 내용을 어떻게 기록할지 자신의 글쓰기 기법을 활용하여 논리적으로 자기소개서 글쓰기를 해 보세요.

둘째, 자기소개서는 일종의 실용적 글쓰기입니다. 글쓰기의 철칙을 《유시민의 글쓰기 특강》에서는 다음과 같이 이야기합니다.

글쓰기에는 철칙이 있다고 생각한다.
첫째, 많이 읽어야 잘 쓸 수 있다. 책을 많이 읽어도 글을 잘 쓰지 못할 수는 있다. 그러나 많이 읽지 않고도 잘 쓰는 것은 불가능하다.
둘째, 많이 쓸수록 더 잘 쓰게 된다. 축구나 수영이 그런 것처럼 글도 근육이 있어야 쓴다. 글쓰기 근육을 만드는 유일한 방법은 쓰는 것이다. 여기에 예외는 없다. 그래서 '철칙'이다.

'첫째, 많이 읽어야 잘 쓸 수 있다'는 고3이라는 이 시점에서는 이미 늦었다고 보여집니다. 물론 7월부터 한두 권을 참조할 수는 있겠지만 지금부터 책을 많이 읽기에는 7월은 고3에게는 늦은 시작이라고 할 수 있겠습니다.

'둘째, 많이 쓸수록 더 잘 쓰게 된다'는 지금부터 이 책을 통해서 열심히 연습하면 가능할지도 모른다는 생각을 해 보았습니다. 자신의 생활기록부를 철저히 검토하고, 자신이 지금까지 쌓아왔던 글쓰기 실력을 갈고 닦는다면 원하는 수준까지는 아니더라도, 그 수준과 비슷한 수준의 글쓰기 실력에는 도달할 수 있다고 생각합니다.

생활기록부를 세밀하게 살펴보고, 짧은 시간 동안 최대한 글쓰기 연습을 하세요. 3학년 1학기까지의 성적은 뒤돌아보지 마세요. 어차피 지난 시간이니까요. 자신의 학교생활기록부의 내용에 알맞은 대학을 찾아보고, 알맞은 서류를 갖추세요. 그 중에서 특히, 자기소개서를 잘 작성해 보세요. 자기소개서에는 논리가 숨어 있습니다. 그 논리를 대학교 입학사정관 분들에게 인정을 받도록 잘 가꾸어 보세요.

'늦었다고 생각하는 순간이 가장 빠른 때이다'라는 말을 실감할 것입니다. 지금 너무 늦었다고 후회하는 것보다는 지금 바로 시작하는 것이 가장 좋은 방법이라고 생각합니다. 함께 자기소개서 작성 방법을 향해 돌진해 볼까요?

자기소개서의 위상

대입수시에 있어서 자기소개서는 어떤 위상을 차지하고 있을까요? 자기소개서는 대입수시에 있어서 결정적인 요소로 생각되며, 내신성적을 최대한 보완해 줄 수 있는 절대적인 요소라고 생각합니다. 그렇다면 이런 결정적 역할을 해 줄 대입 수시 모집 인원은 어느 정도이고, 그 중 자기소개서는 어떤 전형에 필요한지 한 번 살펴보겠습니다.

〈2018학년도 대입정보 119〉라는 한국대학교육협의회 자료집에 따르면, 2018학년도 대입 전체 모집인원은 352,325명으로 2017학년도보다 3,420명 감소한 인원입니다. 인원은 줄었지만 수시모집 선발 인원 비율은 전년 대비 3.8% 포인트 증가한 73.7%를 선발 예정입니다. 이는 전체 대입 모집 인원 352,325명 중 259,673명에 해당되며, 반면에 정시 모집은 비율이 26.3%인 92,652명을 선발할 예정입니다. 수시 충원이 100% 다 되지 않기 때문에 정시 선발 인원이 어느 정도 증가하겠지만, 현재의 계획으로서는 위와 같습니다.

위의 수시모집 선발 인원 중 학생부 중심 전형의 비중은 2017학년도 60.3%에서 2018학년도 63.9%를 차지하고 있습니다. 이 학생부 중심 전형은 학생부 교과전형과 학생부 종합전형으로 나누어지는데, 2017학년도는 차치하고, 2018학년도 선발 비율은 학생부 교과전형 40.0%, 학생부 종합전형 23.6%로 전년도 각각 39.7%와 20.3%보다 소폭 상승하여, 이제는 어느 정도 대입수시에서의 학생부 중심 전형이 핵심 전형으로 자리 잡았다고 많은 전문가들이 견해를 밝히곤 합니다.

그렇다면 대입 수시 학생부 종합전형에서 주로 다룰 전형요소들은 무엇일까요? 주요 전형요소는 다음과 같습니다.

1. 학교생활기록부
2. **자기소개서**
3. 서류
4. 교사추천서
5. 면접
6. 기타 증빙자료

이외에 다른 자료나 서류가 필요할 수도 있겠지만 대략 필수 전형요소는 위와 같습니다.

학생부 종합전형에서는 학교생활기록부의 내용이 우선적으로 중요합니다. 그 다음이 자기소개서입니다. 물론 서류 및 기타 증빙자료를 요구하는 대학이 있기는 하지만 1, 2번이 가장 중요한 1단계 전형요소라고 할 수 있겠습니다. 3번 서류와 4번 교사추천서는 모든 대학 입학 전형요소에 필수적으로 포함되는 것은 아닙니다.

이렇게 1, 2, 3, 4번의 서류들을 가지고 대입수시전형 1단계 합격 여부를 입학사정관들이 판단하게 됩니다. 이후 면접은 1단계 합격 후 행해지는 것이 보통이므로, 1단계 통과 후 준비해도 늦지 않습니다.

1번인 학교생활기록부(이하 학생부)는 대입 수시원서를 써야 하는 시점에는 이미

한국대학교육협의회(이하 대교협)에 제출이 된 상태입니다. 그러니 수시원서 접수 시점에서 가장 최선을 다해야 하는 것은 무엇일까요? 빙고! 바로 자기소개서라고 할 수 있겠습니다. 자기소개서가 수시원서 접수를 남긴 시점에서 가장 중요한 항목임에 틀림없습니다. 그렇다면 자기소개서란 무엇일까요? 다음 페이지로 넘어가 보겠습니다.

자기소개서란 무엇인가?

대교협 홈페이지에서 자기소개서를 검색하면 다음과 같은 정의를 찾을 수 있습니다.

자기소개서란?
자신을 소개하기 위한 글로 입시전형요소로 활용된다. 자기소개서는 입학사정관전형(학생부 종합전형)이 가장 많은 배점을 두는 항목으로 학생의 경험, 성장과정, 진로와 적성, 가치관 등을 기술한다. 구술면접고사를 실시할 경우 자기소개서의 내용을 확인하는 경우도 있으므로 꾸미거나 거짓됨 없이 사실만을 기술하여야 한다.

위와 같은 의미를 다음과 같이 세분화시켜 보겠습니다.

자신을 소개하기 위한 글로 입시전형요소로 활용된다.

위에서도 언급했듯이 자기소개서는 입시전형요소 중 학생부 다음으로 중요한 전형요소라고 생각합니다. 학생부 안의 내용 중 성적이 가장 중요한 전형요소라고 생각되는데, 다년간의 대입수시 지도 경험으로 볼 때 자기소개서로 상당 부분 보완되는 것으로 판단됩니다.

자기소개서는 입학사정관 전형(학생부 종합전형)이 가장 많은 배점을 두는 항목으로 학생의 경험, 성장과정, 진로와 적성, 가치관 등을 기술한다.

학생부 종합전형 요소들을 꼼꼼히 살펴보고 학생이 대학에 입학할 만한 자격을 갖추었는가를 평가하는 대학 신입생 선발을 담당하는 직위를 입학사정관이라고 합니다. 이분들이 학생부와 서류, 그리고 자기소개서를 평가하여 수시전형 1단계 합격 여부를 결정하고, 2단계 면접장에도 면접관으로 참여할 것입니다. 자기소개서는 대입수시 합격 여부를 결정하는 중요한 서류이므로, 학생의 경험, 성장과정, 진로와 적성, 가치관 등을 각 질문의 항목에 알맞게 기술하는 것입니다. 보통 질문은 공통질문 3문항과 각 대학별 질문 1문항 정도로 구성되며, 대학별 질문 1문항은 있을 수도 있고 없을 수도 있습니다.

구술면접고사를 실시할 경우 자기소개서의 내용을 확인하는 경우도 있으므로 꾸미거나 거짓됨 없이 사실만을 기술하여야 한다.

위에서도 언급했듯이, 학생부 교과 및 종합 전형 1단계는 주로 학생부와 자기소개서로 구성되어 있고, 서류와 교사추천서는 부가 요소라고 할 수 있습니다. 학생부와 자기소개서는 서로 밀접한 관계를 맺고 있습니다. 왜냐하면 자기소개서는 학생부를 바탕으로 기술해야 하기 때문입니다. 때로는 학생부에 나타나지 않는 이야기로 자기소개서를 쓸 수도 있습니다만 학생부에 기록되지 않는 이야기에 대해서는 면접 시 입학사정관들의 질문의 대상이 될 수 있으므로 절대 거짓된 내용을 기술해서는 안 됩니다.

그렇다면 학생부에 바탕을 둔 자기소개서는 어떻게 써야 하는지 이제부터 《대입 자기소개서 10일 완성》을 시작해 볼까요?

생기부에서 중심 내용 찾기

–학교생활기록부 완전 해부하기–

자기소개서를 쓰기 전에 우선 마음을 다스려야 합니다. '자기소개서 쓸 때 갖춰야 할 마음가짐'으로 마음을 다스려 보세요.

자기소개서를 위한 마음가짐

1. '나' 자신을 믿는다.

2. 자신감을 갖는다.

3. '할 수 있다'는 긍정적 생각을 갖는다.

4. 평범함 속에서 특별함을 찾는다.

5. 솔직하게 쓴다.

6. 생각을 집중시킨다.

7. 다른 사람의 것을 베끼지 않는다.

8. '나'만의 색깔을 찾는다.

9. 주변 사람에게 feedback을 구한다.

10. 마무리는 반드시 자신이 직접 한다.

이런 마음의 자세로 준비하다 보면 자기소개서 쓰기가 두렵지 않을 것입니다.

★ 준비물: 학교생활기록부

'지피지기(知彼知己)면 백전백승(百戰百勝)이라.'
(적을 알고 나를 알면 백 번 싸워 백 번 이긴다.)

위와 같은 말을 들어본 적이 있을 것입니다. 자기소개서는 누구를 소개하는 글일까요? 빙고! 바로 당신 자신입니다. 자기, 즉 '나'에 대한 소개서입니다. 자기소개서에는 상대할 적은 없으므로 나만 알면 되겠습니다. '나'를 정확히 아는 것이 백전백승을 이루게 합니다. 그렇다면 '나는 누구인가?'에 대한 탐구부터 해야 하겠죠?

나(자신)를 한 번 돌아보겠습니다. 입학할 때부터 고등학교 3학년 지금 여기까지 어떻게 살아왔나요? 생각을 해 보세요. 음…. 뭐 그렇게 기억나는 게 많지 않겠죠. 지난날을 떠올리려니 머리가 갑자기 하얘지기도 할 것입니다. 입학식 때 낯선 고등학교 강당이나 운동장에서 교장 선생님께서 연설을 하셨나, 안 하셨나? 내용은 기억에도 없고. 담임 선생님을 처음 만나던 날 엄청 무서울 것 같았는데, 알고 보니 엄청 자상한 선생님이라서 좋았던 것들, 그리고 성적은 대충 이렇고 동아리 활동과 봉사활동 등 여러 가지가 머릿속을 맴돌겠죠. 수업 시간에는 어떤 활동을 했을까? 궁금하기는 한데 정확히 어떤 내용인지는 모르겠고, 친구들과 함께 의미 깊은 활동은 무엇을 했는지 잘 기억이 나지 않겠죠? 물론 고3 수시 원서 접수 시 자기소개서에 쓸 내용들을 꼼꼼히 기록해 놓았다면 이야기는 다르겠지만 말입니다.

이렇게 우리의 기억은 믿을 만한 것이 아닙니다. 많은 책들에서 언급했듯이 기억은 점점 사라지고만 마는 것입니다. 그렇다면 기억을 잘 살려줄 객관적인 자료는 무엇일까요?

바로 학교생활기록부입니다. 1학년, 2학년, 그리고 3학년 1학기까지 나(자기)에 관한 모든 객관적 자료가 다 기록되어 있습니다. '휴, 다행이다' 하겠죠? 네, 맞습니다. 바로 자신의 학교생활기록부를 바탕으로 자기소개서를 작성해야 합니다. 학교생활기록부에서 중심 내용(테마)을 선별합니다. 그러기 위해서 학교생활기록부를 공부해야 합니다. 꼼꼼히 살펴보는 것입니다.

그렇다면 학교생활기록부의 구성은 어떠할까요? 다음을 살펴보세요.

★ **학년/구분**

1. 인적사항
2. 학적사항
3. 출결상황
4. 수상경력
5. 자격증 및 인증 취득상황
6. 진로희망사항(학생, 학부모, 희망사유)
7. 창의적 체험활동상황
   자율활동
   동아리활동
   봉사활동
   진로활동
8. 교과학습발달상황
   과목별 세부능력 및 특기사항
9. 독서활동상황
10. 행동특성 및 종합의견

학교생활기록부는 위와 같이 ★**학년/구분 외 10가지 항목**으로 구성되어 있습니다. 정확히 말해서 11가지 항목입니다. 이 11가지 항목을 세밀하게 공부해서 여러분의 자기소개서 중심 내용을 선별해야 합니다.

우선 대입수시전형 자기소개서 공통문항과 대학별 문항을 살펴볼까요? 주로 공통문항을 위주로 기술해 보겠습니다. 대교협 홈페이지에 등재된 **자기소개서 공통문항**을 확인해 보겠습니다.

1. 고등학교 재학기간 중 학업에 기울인 노력과 학습 경험에 대해, 배우고 느낀 점을 중심으로 기술해 주시기 바랍니다(1,000자 이내).

```



```

2. 고등학교 재학기간 중 본인이 의미를 두고 노력했던 교내 활동을 배우고 느낀 점을 중심으로 3개 이내로 기술해 주시기 바랍니다. 단, 교외 활동 중 학교장의 허락을 받고 참여한 활동은 포함됩니다(1,500자 이내).

```



```

3. 학교생활 중 배려, 나눔, 협력, 갈등 관리 등을 실천한 사례를 들고, 그 과정을 통해 배우고 느낀 점을 기술해 주시기 바랍니다(1,000자 이내).

```



```

　각 문항들을 집중해서 읽어보세요. 그런 다음 다시 학교생활기록부를 꼼꼼히 살펴봅니다. 중심 내용을 탐색하고 중요하다고 생각하는 부분에 형광펜이나 색연필로 표시해 보세요. 처음에는 있는 대로 표시해 보세요.

지금부터 학교생활기록부를 ★ 학년/구분 항목부터 살펴보도록 하겠습니다.

★ 학년/구분

이 항목에는 학년과 반, 번호, 그리고 담임 성명이 기록되어 있습니다. 학년이 한 개씩 1학년부터 3학년까지 기록되어 있다면 한 학교에서 고1부터 고3까지 다녔다는 것을 의미하므로 자기소개서에 별다른 기록할 사항이 없다 하겠습니다.

만약, 학년이 두 개 이상 기록이 되어있다면, 전학이나 복학 등을 의미하므로, 그것에 대한 스토리가 반영될 수 있으므로, 자신의 전학이나 복학 스토리에 대해 생각해 볼 수 있겠습니다. 복학이나 전학으로 인해 1번의 '학업에 기울인 노력과 학습 경험'이나 2번의 '의미 있는 교내 활동', 그리고 3번의 '배려, 나눔, 협력, 갈등 관리 등을 실천한 사례' 등의 스토리가 만들어질 수 있다면 한 번 기록해 보세요.

'담임 성명'은 교사추천서와 관련되는 항목입니다. 자신이 지원한 대학에서 교사추천서를 요구할 경우, 학생은 미리 추천서를 써주실 선생님의 허락을 구해야 합니다. 추천서 작성 교사는 보통 담임 선생님입니다. 그러므로 추천인 칸의 이름과 담임 성명 칸의 이름이 일치해야 합니다.

사실, ★ 학년/구분 항목은 그렇게 눈여겨보는 부분은 아닙니다. 하지만 개인마다 학교생활에서의 경험이 다르기 때문에 어느 하나라도 소홀히 다룰 수가 없습니다. ★ 학년/구분 항목을 잘 살펴보았다면 다음 항목으로 넘어가도록 하겠습니다.

이 항목에는 학생에 대한 성명과 성별, 주민등록번호, 주소와 가족(부모)의 성명과 생년월일, 그리고 특기사항이 기록되어 있습니다.

이 부분도 학교생활과 관련하여 그렇게 뚜렷한 특징은 없을 것 같습니다. 하지만 사회배려자 전형 등 가족관계를 확인해야 하는 전형에서는 서류와 생활기록부의 인적 관련 사항이 정확히 기록되어 있는지 점검하고 넘어가는 것이 좋겠습니다. 수시원서 접수 시 추가 증빙서류와 일치하는지 그렇지 않은지 확인하시고, 만약 일치하지 않으면 면접할 경우를 대비해서 미리 대답을 준비해 두는 것도 괜찮겠습니다.

중학교 졸업 사항과 고등학교 입학 사항, 그리고 고등학교 전학 사항이 기록되어 있습니다. 전학이라는 사실을 증명하고 전학으로 인한 학교생활의 변화를 유추해 볼 수 있는 단서가 됩니다.

출결은 한 학생의 성실성을 측정할 수 있는 자료입니다. 그러므로 자신의 출결에 대해서 정확히 알고 있는 것이 중요합니다.

무단결석은 3일, 무단조퇴나 지각은 7회 이상 하게 되면 학교별로 약간 다르지만 사유를 기록해야 합니다. 그런 사유에 대해서 자신이 명확히 숙지하고 있어야 합니다. 무단결석이 1일이거나 무단조퇴나 지각이 2회 정도라면 큰 문제가 없다고 입학사정관들이 말하곤 합니다. 하지만 잦은 무단결석, 무단지각, 무단조퇴, 무단결과는 학생부종합전형에서는 문제가 됩니다. 가능하면 이러한 내용이 자신의 생활기록부에 기록이 되지 않는 것이 더 좋겠습니다.

만약 자신의 생활기록부에 무단결석이나 조퇴, 지각에 대한 사유가 기록되어 있다면 이 부분은 만회하기 위해서는 어떤 결정적 계기를 자기소개서에 진솔하게 언급하는 것이 좋겠습니다. 예를 들어 보겠습니다.

"고등학교 2학년 한때 학교생활에 흥미를 느끼지 못하여 무단결석을 한 적이 있습니다. 하지만, 담임 선생님과 부모님의 진실어린 조언으로 다시 마음을 다잡고 학업에 정진하게 되었습니다."

위와 같이 자신의 과오는 인정하되 학업이나 학교생활에서의 발전 가능성에 대해 언급해 준다면 이미 그 사람은 더 좋은 사람이 된 것입니다. 그러므로 평가자인 입학사정관들에게 인정을 받기에 충분다고 할 수 있습니다.

다시 말해서, 자신의 잘못은 사실대로 인정하고 그것으로 인해 많은 후회와 생각, 그리고 주변의 관심어린 시선과 조언으로 인해 자신이 좀 더 발전을 했다는 것을 부각시켜야 합니다. 교육이란 바로 그런 개선의 여지가 있을 때 효과가 더 큰 법이니까요.

질병결석이나 질병조퇴나 지각에 대해서도 횟수가 많다면, 사유를 기록하게 되어 있습니다. 그런 사유에 대해서는 자기소개서에 기록할 때 학업이나 학교생활에서 반전의 스토리가 만들어질 수 있다면 의식적으로 활용하는 것도 좋은 방법입니다. 예를 들어 보겠습니다.

"고등학교 1학년 때 허리가 많이 아팠습니다. 병원에서 허리디스크라는 진단을 받았습니다. 그래서 20여 일간 학교에 갈 수 없었습니다. 수업에 대한 결손이 생겨서 다른 아이들의 학습을 따라갈 수 없었습니다. 이로 인해 한동안 마음을 잡지 못하고 공부에 대한 회의감이 들었습니다. 하지만 가족의 사랑과 친구들의 따뜻한 애정으로 다시 마음을 다잡고 열심히 학업에 정진한 결과 기말고사에서 좋은 성적을 거둘 수 있었습니다."

위와 같은 예는 참조용이며 절대 똑같이 쓰면 안 됩니다. 유사도 검증에서 걸리니까요.

중요한 것은 무단이나 질병 같은 사유로 정상적인 학교생활이 어려울 경우, 역경 극복 사례를 솔직하고 진정성 있게 기록하는 것입니다. 그 결과로 올바른 학생생활로 돌아간다면 읽는 이의 감동을 자아내기에 충분하다고 생각합니다. 그러니 너무 자신감 없게 자신의 이야기가 매력적인 것인지 그렇지 않은 것인지에 대해 고민할 필요 없다고 생각합니다.

출결상황이 개근으로 나오는 경우 성실성을 자랑스러워할 만합니다. 그것만으로도 충분히 글감으로 내세울 수 있습니다. 자신이 아침에 일찍 일어나서 학교에 일찍 등교하고 학교생활에 성실을 기했다는 내용을 작성할 수 있는 충분한 근거가 됩니다. 또한 성실성이라는 인성 덕목에 자부심을 가지고 자기소개서를 작성하면 되겠습니다. 비록 개근이 아니더라도 자신감을 잃지 마시고 자신의 장점을 추구해 보세요.

4. 수상경력

다음 항목은 수상경력입니다. 수상은 학교생활에서의 우수성을 알리는 동시에 교과와 진로와 관련된 학습 및 활동과 밀접하게 관련되어 있는 중요한 부분입니다.

많은 입학사정관들이 최근에는 많은 고등학교에서 상장을 남발하는 경향이 있어서, 의미 있는 수상 내역이 중요하다고 합니다. 상장의 개수가 중요한 것이 아니라 그 내용이 중요하다는 말을 빼놓지 않습니다.

하지만 교과우수상, 교내 국어, 영어, 수학, 사회탐구영역, 과학탐구영역 등의 교과 관련 수상과 효행상, 예절상 등의 행동발달 관련 수상은 특히 중요한 상들이므로 여전히 그 중요성을 가지고 있습니다.

상은 그 자체로 중요한 의의를 가지고 있습니다. 특히, 자기소개서에는 상을 타기까지 자신이 노력하는 과정을 잘 기록해야 합니다. 과정 속에서 의미 있는 교육활동을 잘 그려야 하고, 어떠한 노력을 하였으며, 그것이 자신의 지원 학과와 어떤 관련성과 영향력이 있는지를 상세하게 기록해야 합니다.

비록 수상을 하지 못한 사항이라도 자신에게 의미 있는 교육활동이었고 자신의 잠재 가능성과 성장 가능성에 중요한 영향력을 행사했던 경우라면 그런 활동 자체에도 중요성을 부여해도 상관없습니다.

중요한 것은 수상 내역뿐만 아니라 교육과 관련된 교내활동 그 자체입니다. 그런 활동이 주는 교육적 효과를 세밀하게 잘 그려서 기록하는 것이 중요합니다.

예를 들어, 2학년 때 인문사회 경시대회에서 수상을 했는데, 자신의 지원학과가 사회학과라고 하면 다음과 같은 이야기를 할 수 있습니다.

"2학년 때 인문사회 경시대회는 사회학과에 지원하는 결정적 계기를 마련해 주었습니다. 여러 가지 사회현상과 이론을 공부하면서 사회학과 관련된 기초적 지식과 개념을 익힐 수 있었고, 사회 현상을 연구할 때 가설과 이론이 필요하다는 사실을 깨닫게 되었습니다. 이는 사회학과에 진학 시 사회학과 학생이 갖추어야 할 자세와 사회학 공부의 방향성 설정의 기틀이 되었습니다."

위와 같은 이야기를 자신의 경험과 연결하여 보다 구체적이고 상세하게 적는다면 의미 있는 교육활동은 물론 진정성을 더할 수 있고 지원하는 학과에 대한 지원동기와도 부합한다고 볼 수 있겠습니다.

대학에서는 너무 많은 수상 내역을 요구하지 않는다고 했습니다. 위와 같은 수상 내역이 아니라도 자신이 받은 상에 대한 의미를 부여하고, 그것을 위한 활동이 교육적으로 자신이 지원하는 학과와 관련하여 어떤 효과를 미치는지 자기소개서에 기술된다면, 여러분의 자기소개서는 충분히 인정받을 것입니다.

그럼 다음 네모 안에 의미 있는 수상 내역을 간단히 적어볼까요? 그리고 그 수상을 위해서 본인이 했던 노력들을 기록해 보세요. 만약 두드러진 수상 내역이 없다면, 문과는 국어, 영어, 사회 중심으로, 이과는 영어, 수학, 과학 중심으로 적어보세요.

형광펜으로 중요한 **의미 있는 수상 내역** 밑줄 쫙! 다음에 그 수상을 위해서 **어떤 노력**을 하였는지 간단히 아래에 기록해 보세요.

이 부분은 자격증 제출이 요구되는 학과 지원 시 필요한 부분입니다. 자신이 가지고 있는 국가 공인 자격증을 학교에 제출하면 담임교사가 기록을 하는 부분입니다.

만약 자격증 란에 본인이 소지한 자격증에 관한 기록이 없더라도, 지원한 대학 측에서 증빙 서류 제출을 요구하고 있다면, 직접 사본을 제출하도록 조치를 취할 수 있으니 크게 걱정하지 않아도 되겠습니다.

자격증을 요구하는 대학이나 학과는 실업계 관련 고등학교의 진학과 많은 관련이 있습니다. 인문계와 자연계 학생들에게는 해당사항이 많이 없지만, 대학 입시 요강에서 평가 항목을 반드시 확인해서 자격증을 요구하는지 그렇지 않은지를 판단하시기 바랍니다.

6. 진로희망사항(학생, 학부모, 희망 사유)

진로희망사항은 학생과 학부모로 나누어 기록되어 있고, 옆에 희망 사유가 기록되어 있습니다.

진로희망사항은 일관성이 있어야 한다는 의견과 학년이 올라갈수록 세분화되어야 한다는 의견, 그리고 꼭 일관성이 없어도 괜찮다는 입학사정관 분들의 의견이 있습니다.

학생부 위주로 하고 자기소개서나 교사추천서를 받지 않는 대학에서는 진로희망사항의 일관성과 세분화를 더 중요시할 수 있습니다. 왜냐하면 자기소개서에 자신의 진로희망에 변화된 근거를 기록하므로 자기소개서가 없다면 진로희망사항에 일관성과 세분화가 지원학과를 결정하는 데 있어서 중요한 요소로 작용할 수 있기 때문입니다.

하지만 자기소개서가 입학전형의 한 요소로 반영될 경우에는 자기소개서 안에 자신의 진로희망사항의 변경된 내용에 대한 타당한 이유와 정당성을 적어 넣을 수 있습니다. 그러므로 진로희망이 변경된 경우에는 가급적 자기소개서를 포함시키는 전형에 지원하는 것이 유리하다 하겠습니다.

그렇다면 어떤 내용을 자기소개서에 기록해야 할까요? 바로 진로희망에 대한 선택 이유와 자신이 지원한 학과와의 관련성을 각각의 문항 속 질문에 대한 대답에 녹여 넣어야 합니다.

즉, 1번의 '학업에 기울인 노력과 학습 경험'이나 2번의 '의미 있는 교내 활동', 그리고 3번의 '배려, 나눔, 협력, 갈등 관리 등을 실천한 사례'와 대학별 개별 문항 1문항에 자신의 진로희망과 지원학과와 관련된 내용을 넣어야 한다는 말입니다.

예를 들어, 진로희망이 비행기승무원이라고 합시다. 그렇다면, 1번에서

"저의 진로희망은 비행기승무원입니다. 이런 까닭에 영어 공부를 남들보다 열심히 했습니다. 등하교 시에는 항상 영어 단어장을 보며 영어 단어 학습에 매진하였습니다. 수업 시간에는 선생님의 말씀에 집중하였고, 쉬는 시간에도 틈틈이 영어 단어를 공부하였습니다. 특히, 공부하다가 어려운 문법은 선생님께 반드시 질문을 하여 부족한 공부를 채웠으며, 친구들과의 협력학습을 통해서 서로가 잘 모르는 내용을 함께 공부하곤 하였습니다. (중략) 이러한 저의 학업적 노력이 장래 귀교의 영문학과에 지원하여 비행기에 탑승하는 모든 승객들과 적절한 의사소통 능력을 할 수 있는 실력 있는 비행기 승무원이

되고 싶습니다."

이와 같이 학업에 기울인 노력(영어 공부, 단어학습, 문법학습 등)과 학습 경험(등하교학습, 영어학습, 협력학습, 질문학습 등)을 연결하여 자신의 장래 희망인 '비행기 승무원'을 위한 노력의 일환으로 부각시키는 글이 필요하겠습니다. 자세하고 세밀하게 과정을 표현할수록 진정성을 드러낼 수 있으니 현미경과 같은 눈으로 상황을 판단해야 하겠습니다.

위와 같은 방식을 2번과 3번, 그리고 대학별 개별 문항에도 잘 적용시킨다면 보다 일관성 있는 자기소개서가 될 수 있을 것입니다.

> 자신의 진로희망은 무엇인가요? 진로희망이 1학년, 2학년, 3학년으로 올라가면서 변경되었나요? 진로희망을 선택한 사유와 변경된 사유를 자소서 문항 1번의 '학업에 기울인 노력과 학습 경험'이나 2번의 '의미 있는 교내 활동', 그리고 3번의 '배려, 나눔, 협력, 갈등 관리 등을 실천한 사례'와 관련하여 간단히 기술해 보세요.

다음은 창의적 체험활동상황입니다. 이 활동은 ① 자율활동, ② 동아리활동, ③ 봉사활동, ④ 진로활동 등이 기록되어 있습니다.

① 자율활동

〈2016 경기도교육청 학교생활기록부 작성 메뉴얼 참조〉

★ 학교생활기록부를 보면 자율활동에서는 적응활동, 자치활동, 행사활동 및 창의적 특색활동 등이 기록되어 있습니다.

★ 적응활동에 관해서는 입학, 진급, 전학, 기본생활습관 형성, 축하, 친목, 사제동행, 학습 · 건강 · 성격 · 교우 등의 상담활동 등이 기록되어 있습니다.

★ 자치활동에 관해서는 학급회, 학생회 협의활동, 모의 의회, 토론회, 자치법정 등이 기록되어 있습니다.

★ 행사활동에 관해서는 시업식, 입학식, 졸업식, 종업식, 전시회, 발표회, 학예회, 경연대회, 학생건강 체력평가, 체육대회, 수련활동, 현장학습, 수학여행, 문화답사, 국토순례 등이 기록되어 있습니다.

★ 창의적 특색활동에 관해서는 학생 · 학급 · 학년 · 학교 · 지역특색활동, 학교전통수립 · 계승활동 등이 기록되어 있습니다.

생기부에 적혀 있는 모든 활동들을 살펴보고, 자신에게 **의미 있고 교육적 영향력이 있었던 활동들**을 형광펜으로 칠한 후, 자기소개서에 작성할 만한 내용들을 뽑아 보세요.

특히, 자신이 학급 또는 학교에서 중요한 역할을 했던 기억들을 더듬으면서 생기부에 자신의 활동이 어떻게 적혀있는지 자세히 살펴보세요.

그런 다음, 자신의 진로희망사항과 관련이 되어있는지, 지원 학과와 관련하여 적을 수 있는 의미 있는 내용이 있는지 회고해 보세요.

학급에서의 역할 수행 중 리더십이나 협력활동 부분에 보다 중점을 두어 보세요. 자신이 했던 활동 중 자기소개서 질문 항목과 관련하여 중요하다고 생각되는 활동 위주로 내용을 상세히 적을 필요가 있습니다. 리더십은 반장/실장이나 부반장/부실장의 활동이 주요활동이며, 그것이 없다면 학습부장, 총무부장, 봉사부장 등의 학급 조직에서 맡은 역할을 생각하고 그것에 알맞은 활동을 생각하면 됩니다. 학급 구성원 모두가 자신의 역할을 한 가지라도 수행했으므로, 굳이 지어내지 않더라도 멋지게 수행한 활동이 있을 것이라고 믿습니다. 잘 생각해 보세요.

일단 문맥은 생각하지 말고 생각나는 내용을 단어, 구, 문장, 문단 순으로 적어보세요. 중요한 핵심 단어를 우선 적고, 거기에서 구나 문장을 만들어 보고, 한 가지 주제를 설정하여 문단을 만듭니다.

💧 자율활동 안에서 자소서 문항 1번의 '학업에 기울인 노력과 학습 경험'이나 2번의 '의미 있는 교내 활동', 그리고 3번의 '배려, 나눔, 협력, 갈등 관리 등을 실천한 사례'와 관련하여 핵심 활동을 기록해 보세요.

---

1. 학업에 기울인 노력과 학습 경험은?

2. 의미 있는 교내 활동은?

3. 배려, 나눔, 협력, 갈등 관리 등을 실천한 사례와 관련된 활동은?

---

② **동아리활동**

〈2016 경기도교육청 학교생활기록부 작성 메뉴얼 참조〉

★ 동아리 활동 영역은 자기 평가, 학생상호 평가, 교사 관찰, 포트폴리오 등의 방법으로 평가하여 참여도, 협력도, 열성도, 특별한 활동실적 등이 구체적으로 입력되어 있습니다.

동아리 활동내역에 있는 내용을 살펴봅시다. 그것이 자신의 전공과 진로희망과 어떤 관련이 있고 어떤 영향력을 미쳤으며 교육적으로 어떠한 효과가 일어났는지 자세히 생각해 보세요.

자율동아리를 포함한 동아리 활동의 경우에는 자신의 진로희망사항과 직결되는 내용이 많이 있고 다양하므로 쓸 거리가 많다고 생각합니다. 단, 교외 동아리 활동은 제외합니다.

동아리 활동 안에서 어떤 인상적인 활동이 있는지 흥미롭고 각 문항에 들어맞는 적절한 스토리를 구성할 내용을 생각해 보세요. 물론 교육적 효과가 들어 있는 것이 더 좋겠습니다.

동아리 장이나 자율동아리 대표의 경우에는 기획부터 활동까지 동아리에서 중요한 역할을 하였으므로, 리더십 관련 기록할 소재를 찾을 수 있으리라 생각합니다.

동아리활동에서 자소서 문항 1번의 '학업에 기울인 노력과 학습 경험'이나 2번의 '의미 있는 교내 활동', 그리고 3번의 '배려, 나눔, 협력, 갈등 관리 등을 실천한 사례'와 관련하여 간단히 기술해 보세요.

---

1. 학업에 기울인 노력과 학습 경험은?

2. 의미 있는 교내 활동은?

3. 배려, 나눔, 협력, 갈등 관리 등을 실천한 사례와 관련된 활동은?

---

③ 봉사활동

〈2016 경기도교육청 학교생활기록부 작성 메뉴얼 참조〉

★ 봉사활동 영역의 특기사항은 체계적이고 지속적인 봉사활동 등 특기할 만한 사항이 있는 학생에 한하여 활동내용 등 구체적인 사항을 입력하되, 구체적인 범위는 학교장이 정한다고 되어 있습니다.

봉사활동 영역의 특기사항에는 지속적으로 꾸준히 봉사활동을 하고 유의미한 내용을 기록해 보세요. 그 중에서 자신의 전공과 진로희망에 직·간접적으로 관련이 되어 있다면 자기소개서의 내용으로 활용하는 데 충분합니다.

가령 사회복지학과에 지원했는데 복지관이나 양로원, 고아원 등의 어려운 분들을 도와주는 봉사활동을 했다면, 지원학과와 관련된 내용을 기록하기가 한결 편안할 것입니다. 그리고 그러한 도움을 제공함으로써 마음가짐은 어떠한지, 장래 그 학과를 졸업하면 어떤 사회인으로 성장할 것인지에 대한 미래를 예측할 수 있는 잠재가능성에 대해 언급할 수 있는 충분한 소재가 되리라 생각합니다.

신학과에 지원하였다면 교회 기관과 관련된 봉사활동을, 간호학과에 지원하였다면 병원이나 아픈 사람을 위해 봉사한 경험을, 교육 관련 학과에 지원하였다면 아동센터 등에서 아이를 가르치는 교육봉사 관련 내용을, 행정학과를 지원하였다면 우체국이나 도서관, 동사무소 등의 행정기관에서의 경험을 중요한 활동으로 기록하는 것이 매력적인 자기소개서 작성에 도움이 되는 내용이라고 할 수 있겠습니다.

자신의 생기부에 기록되어 있는 봉사활동 중 자소서 문항 1번의 '학업에 기울인 노력과 학습 경험'이나 2번의 '의미 있는 교내 활동', 그리고 3번의 '배려, 나눔, 협력, 갈등 관리 등을 실천한 사례'와 관련하여 간단히 기술해 보세요.

---

1. 학업에 기울인 노력과 학습 경험은?

2. 의미 있는 교내 활동은?

3. 배려, 나눔, 협력, 갈등 관리 등을 실천한 사례와 관련된 활동은?

---

④ 진로활동

〈2016 경기도교육청 학교생활기록부 작성 메뉴얼 참조〉

★ 진로활동 특기사항 란에는 특기 · 진로희망과 관련된 학생의 자질, 학생이 수행한 노력과 활동, 학생의 특기 · 진로를 돕기 위해 학교와 학생이 수행한 활동과 결과, 학생 · 학부모와 진로상담을 한 결과, 학생의 활동 참여도, 활동 의욕, 태도 변화 등 진로활동과 관련된 사항, 학급담임교사, 상담교사, 교과상담교사, 진로전담교사의 상담 및 권고 내용 등을 기록할 수 있으며, 학생의 학업진로, 직업진로에 대한 계획서, 진로와 관련된 각종 검사를 바탕으로 특기사항을 입력할 수 있습니다.

자신의 진로활동과 관련된 내용 중 자신의 진로희망과 관련하여 어떤 활동을 해 왔으며, 그 내용이 어떻게 관련되어 있는지, 그 내용으로 인해 어떤 발전 가능성과 잠재력을 높여 줄 수 있는지, 그리고 그 진로활동 내용이 자신의 학교생활과 학습활동에 어떤 긍정적이고 유의미한 영향력을 미쳤는지 등을 생각해 보아야 합니다.

☑ 진로활동 중 자신의 전공과 진로희망에 관련되어 있는 중요한 교내활동 및 봉사활동은 어떤 내용이 있었는지 다음에 활동을 중심으로 간단히 기록해 보세요.

8. 교과학습 발달상황

다음은 교과학습 발달상황입니다. 이 항목에는 1학년 1학기부터 3학년 1학기까지의 교과 과목, 단위수, 원점수/과목평균(표준편차), 성취도(수강자수), 석차등급 등이 표로 기록되어 있고, 세부능력 및 특기사항이 각 과목별로 서술되어 있습니다.

입학사정관들이 강조하는 부분은 바로 **학업역량과 전공적합성**입니다. 학생들이 자신이 지원하는 학과를 위한 기초 교과 실력을 갖추고 있어야 한다고 합니다. 대학 교육에서 전공에 대한 학습을 수행할 때, 그것을 이해할 정도의 실력은 갖추어야 한다는 뜻입니다.

가령, 국어 관련 학과, 영어 관련 학과, 수학 관련 학과에 지원한다고 합시다. 그렇다면 당연히 각각 국어와 영어, 그리고 수학 성적이 우수한지를 보겠죠? 또한 수업 활동 시 그 학생이 어떤 진정성 있는 활동을 했으며, 성실하게 학업을 수행했는지를 살펴봅니다.

좀 더 나아가서 생각해 보면, 문과 관련 학과는 국어, 영어, 사회탐구영역과 관련된 과목을, 이과 관련 학과는 수학, 과학에 보다 더 중점을 두고 전공적합성을 평가한다고 하겠습니다.

물론, 그 이외의 과목을 소홀히 해서는 안 된다고 합니다. 가정 · 기술, 한문 등 문과나 이과와 관련이 되지 않는 과목의 성적이 다른 과목에 비해 너무 좋지 않으면 그것에 따른 불이익은 자신이 감수해야 합니다.

자, 그렇다면 자신의 학업역량과 전공적합성에 필요한 과목과 그에 따른 세부능력 및 특기사항 중 어떤 부분이 유의미하고 진정성 있고, 성실한 측면을 잘 반영하고 있는지 기록해 볼까요?

〈2016 경기도교육청 학교생활기록부 작성 메뉴얼 참조〉

★ 중·고등학교의 개인별·교과별 독서활동상황은 독서활동에 특기할 만한 사항이 있는 학생을 대상으로 학기말에 입력한다.(2017년과 동일)

★ 독서분야 및 읽은 책, 독서성향 등 특이사항을 사실 위주로 교과담당교사가 입력하는 것을 원칙으로 하되, 담임교사도 입력할 수 있다.(2016)

→ 학생이 읽은 책의 제목과 저자를 교과담당교사 또는 담임교사가 입력한다.(2017년 변경 내용)

입학사정관들이 말하기를 독서활동상황은 정량평가로 사용되지 않고, 독서활동으로 인한 영향력을 평가한다고 합니다. 다시 말해서, 독서활동의 내용이 많은 학생들은 그것이 자기소개서나 면접에 어떤 형태로든 반영이 될 수 있다고 말합니다. 책을 많이 읽은 사람들은 아무래도 글에 독서로 인한 효과가 나타나기 마련이라고 합니다. 그만큼 논리력이나 문장력이 높을 수 있겠죠?

하나 더 이야기하자면, 독서활동을 통해 자신이 어떤 영향을 받았는지를 살펴보아야 합니다. 독서는 인간에게 정신적 양식을 제공합니다. 따라서 누구나 어떤 책을 읽던 간에 그 책에서 영감을 끌어내거나, 감동할 수 있는 부분이 생겨나는 것은 당연한 이야기입니다. 따라서 1, 2, 3학년 때 읽었던 독서목록을 살펴본 후, 그 책이 어떤 영향을 미쳤는지 다시 한 번 생각해 보세요. 그 내용이 자신의 학교생활에 중대한 영향을 미쳤다면, 자신의 어떤 측면에 영향을 미쳤는지 자세히 기록해 보세요. 그것을 세부적으로 진정성 있게 기록해 보는 것도 자기소개서 작성을 위해서 좋은 기록 방법이 될 것입니다. 다음을 볼까요?

고등학교 재학 기간(또는 최근 3년간) 읽었던 책 중 자신에게 가장 큰 영향을 준 책을 3권 이내로 선정하고 그 이유를 기술하여 주십시오(서울대 4번 문항).

▶ '선정 이유'는 각 도서별로 띄어쓰기를 포함하여 500자 이내로 작성

▶ '선정 이유'는 단순한 내용 요약이나 감상이 아니라, 읽게 된 계기, 책에 대한 평가, 자신에게 준 영향을 중심으로 기술

마지막으로 언급할 항목은 '행동특성 및 종합의견'입니다. 이 항목에서는 학생의 1년 동안의 학교생활 전반에 걸친 활약상을 보여줍니다.

〈2016 경기도교육청 학교생활기록부 작성 메뉴얼 참조〉

★ 행동특성 및 종합의견은 수시로 관찰하여 누가 기록된 행동특성을 바탕으로 총체적으로 학생을 이해할 수 있는 종합의견을 문장으로 입력한다.

'2016 학교 생활기록부 작성 매뉴얼'에 따르면, 교사가 학생을 수시로 관찰하여 누가 기록한 행동특성, 진로적성검사, 인성검사 등 각종 심리검사 결과, 창의적 체험활동상황, 교과학습발달상황 등을 바탕으로 학급 담임교사가 학생을 총체적으로 이해할 수 있도록 잠재력, 인성, 인지적 특성, 자기주도적 학습 능력, 창의성, 예체능활동 등을 종합적이고 구체적으로 입력하게 되어 있습니다.

자신에게 기록되어 있는 내용 중 자기소개서 1번의 '학업에 기울인 노력과 학습 경험'이나 2번의 '의미 있는 교내 활동', 그리고 3번의 '배려, 나눔, 협력, 갈등 관리 등을 실천한 사례'와 관련된 내용을 찾아 형광펜으로 밑줄 쳐 보세요.

그런 다음 그 내용이 왜 기록되었을까를 생각해 보고 앞의 생활기록부 기재 항목에서 그 이유를 찾아보세요. 또한 과정도 함께 기록해 보세요.

✤ '행동특성 및 종합의견'에 기록된 내용 중 자기소개서 1번의 '학업에 기울인 노력과 학습 경험'이나 2번의 '의미 있는 교내 활동', 그리고 3번의 '배려, 나눔, 협력, 갈등 관리 등을 실천한 사례'와 관련된 내용을 간단히 기록해 보세요.

---

1. 학업에 기울인 노력과 학습 경험은?

2. 의미 있는 교내 활동은?

3. 배려, 나눔, 협력, 갈등 관리 등을 실천한 사례와 관련된 활동은?

이렇게 1일차에서는 자신의 생활기록부에 있는 10가지 항목들을 자세하게 들여다보고 자기소개서 작성과 관련되어 각 항목의 내용이 유의미하고, 진정성이 있는가를 따져보고 자신이 지원한 전공과 관련하여 얼마나 적합성을 지니고 있는가를 평가하고, 그런 내용을 바탕으로 자기소개서는 어떤 점을 강조하여 쓸 것인가에 대한 방향성을 설정해야 합니다. 아셨죠?

1일차 생활기록부 점검이 끝났습니다. 2일차에서는 '문항에 따른 알맞은 내용 분류하기'를 해 보겠습니다.

문항에 따른 알맞은 내용 분류하기

2일차에서는 대교협 홈페이지에 등재된 자기소개서 공통양식을 확인해 봅니다. 그 안에 수록되어 있는 내용인 작성 시 유의 사항과 공통문항 및 개별문항에 대해서 살펴봅니다.

유의사항을 준수하고 공통문항에 알맞은 내용을 기록해야 합니다. 아이디어 생산 방식으로 브레인스토밍 방법과 같은 방법을 활용합니다. 이 방법을 활용하여 자신의 학교생활기록부에서 뽑아낸 주요 의미 있는 활동을 예시와 같이 뽑아냅니다. 뽑아낸 활동 내용을 예시와 같이 각 문항에 알맞게 분류합니다. 분류한 후 각 문항에 알맞도록 답을 제시합니다.

그럼 위에서 언급한 순서대로 내용을 확인해 보겠습니다.

우선 대교협 홈페이지에 등재된 자기소개서 공통양식을 확인해 봅시다.

〈자기소개서 공통양식〉

〈작성 시 유의 사항〉

1. 자기소개서는 지원자 본인이 작성하여야 하고, 사실에 입각하여 정직하게 지원자 자신의 능력이나 특성, 경험 등을 기술하여야 합니다.

2. 자기소개서에 기술된 사항에 대한 사실 확인을 요청할 경우 지원자는 적극 협조하여야 합니다.

3. 제출된 자기소개서는 표절, 대리 작성, 허위사실 기재, 기타 부정한 사실 등의 검증을 위해 유사도 검색을 실시하고, 해당 사실이 발견될 경우 불합격 처리되며 합격 이후라도 입학이 취소될 수 있습니다.

4. **자기소개서에 다음 사항을 기재할 경우 서류 평가에서 "0점"(또는 불합격) 처리됩니다.**

   ### 1) 공인어학성적

   > 영어(TOEIC, TOEFL, TEPS), 중국어(HSK), 일본어(JPT, JLPT), 프랑스어(DELF, DALF),독일어(ZD, TESTDAF, DSH, DSD), 러시아어(TORFL), 스페인어(DELE), 상공회의소한자시험, 한자능력검정, 실용한자, 한자급수자격검정, YBM 상무한검, 한자급수인증시험, 한자자격검정

   ### 2) 수학 · 과학 · 외국어 교과에 대한 교외 수상실적

수학	한국수학올림피아드(KMO), 한국수학인증시험(KMC), 온라인 창의수학 경시대회, 도시대항 국제 수학토너먼트
과학	한국물리올림피아드(KPHO), 한국화학올림피아드(KCHO), 한국생물올림피아드(KBO), 한국천문올림피아드(KAO), 한국지구과학올림피아드(KESO), 한국뇌과학올림피아드, 전국정보과학올림피아드, 국제물리올림피아드, 국제지구과학올림피아드, 국제수학올림피아드, 국제생물올림피아드, 국제천문올림피아드, 한국중등과학올림피아드
외국어	전국 초중고 외국어(영어, 중국어, 일본어, 프랑스어, 독일어, 러시아어, 스페인어) 경시대회, IET 국제영어대회, IEWC 국제영어글쓰기대회, 글로벌 리더십 영어 경연대회, SIFEC 전국영어말하기대회, 국제영어논술대회

   * 위에서 열거된 항목 외에도, **대회 명칭에 수학 · 과학(물리, 화학, 생물, 지구과학, 천문) · 외국어(영어 등) 교과명이 명시**된 학교 외 각종 대회(경시대회, 올림피아드 등) 수상실적을 작성했을 경우 **"0점"(또는 불합격)** 처리

   ** '교외 수상실적'이란 학교 외 기관이 개최한 대회 수상실적을 의미하며, **학교장의 참가 허락을 받은 교외 수상실적이라도 작성시 "0점"(또는 불합격) 처리**

5. 학생부 위주 전형의 자기소개서는 공교육 내에서 이루어진 활동을 작성하는 취지이므로, 위에서 제시되지 않은 항목이라도 사교육 유발요인이 큰 교외 활동(해외 어학 연수 등)을 작성했을 경우, 해당 내용을 평가에 반영하지 않습니다.

   ⇒ **본인은 자기소개서 작성에 관한 유의 사항을 숙지했으며, 유의 사항 위반에 따른 조치에 대해서는 이의를 제기하지 않겠습니다. (동의 : □)**

1. 고등학교 재학기간 중 학업에 기울인 노력과 학습 경험에 대해, 배우고 느낀점을 중심으로 기술해 주시기 바랍니다(1,000자 이내).

2. 고등학교 재학기간 중 본인이 의미를 두고 노력했던 교내 활동을 배우고 느낀 점을 중심으로 3개 이내로 기술해 주시기 바랍니다. 단, 교외 활동 중 학교장의 허락을 받고 참여한 활동은 포함됩니다(1,500자 이내).

3. 학교생활 중 배려, 나눔, 협력, 갈등 관리 등을 실천한 사례를 들고, 그 과정을 통해 배우고 느낀 점을 기술해 주시기 바랍니다(1,000자 이내).

〈자율문항〉

* 지원 동기 등 학생을 종합적으로 판단하기 위해 필요한 경우 대학별로 1개의 자율 문항을 추가하여 활용하시기 바랍니다(글자 수는 1,000자 또는 1,500자 이내로 하고 대학에서 선택).

브레인스토밍기법 활용하기

자기소개서 공통문항을 확인한 후에는 1일차에서 기록해 놓은 내용들을 참조하여 각 문항에 알맞은 내용들을 가려냅니다. 1일차에서 생각이 잘 나지 않았다면 다음의 브레인스토밍기법을 활용해 보세요.

※ 브레인스토밍기법: 자기소개서에 쓸 활동과 내용을 도움의 여부를 판단하지 말고, 생각나는 대로 아무거나 두려움 없이 적어보는 기법이라 할 수 있습니다.

이 기법을 활용하여 자신에게 기억나는 모든 활동과 내용들을 적어봅니다. 유의미하든 아니든, 학업역량과 전공적합성과 관련이 되는지, 아닌지를 생각하지 말고, 우선적으로 자신의 머릿속에서 생각나는 사항을 모두 적어봅니다. 그런 다음, 그 내용들을 종이에 다음과 같이 정리해 봅니다.

정리된 내용들을 다음과 같이 유의미하고 진정성 있는 교육적 활동들만 남기고 모두 지웁니다. 특히, 자신이 자세하게 생각할 수 있는 교육적 활동을 남겨둡니다. 다음의 예를 한 번 살펴볼까요?

예)

1. 양로원 봉사활동
2. 수상 내역, 교내 경시 대회 및 각종 대회 참가 내역과 인상적인 기록들
3. 창의적 체험활동의 행사 참여 활동
4. 지역아동센터 교육 봉사활동
5. 도서부 동아리활동/동아리 부장 활동
6. 과목별 세부능력 및 특기사항의 인상적인 기록들

7. 독서활동

8. 행동특성 및 종합의견의 학급 부실장 활동, 성실성과 자기주도학습 수행노력 및 장점과 단점 등

9. 기타 등등(생활기록부에는 기록되어 있지 않지만, 자신이 생각하기에 소중한 경험이나 유의미하고 진정성 있는 학교생활 등)

위의 내용들을 자기소개서의 각 문항에 분류합니다. 1번 문항과 2번 문항, 그리고 3번 문항 각각에 어떤 내용을 기록하면 좋을까요? 각 문항의 질문에 따른 활동을 한 번 예와 같이 해 봅시다. 그리고 그와 관련된 상세한 경험들을 글로 간단히 써 봅시다.

1. 고등학교 재학기간 중 학업에 기울인 노력과 학습 경험에 대해, 배우고 느낀 점을 중심으로 기술해 주시기 바랍니다(1,000자 이내).

예)

2. 수상 내역, 교내 경시 대회 및 각종 대회 참가 내역과 인상적인 기록들

6. 과목별 세부능력 및 특기사항의 인상적인 기록들

7. 독서활동

8. 행동특성 및 종합의견의 학급 부실장 활동, 성실성과 자기주도학습 수행노력 및 장점과 단점 등

9. 기타 등등(생활기록부에는 기록되어 있지 않지만, 자신이 생각하기에 소중한 경험이나 유의미하고 진정성 있는 학교생활 등)

2. 고등학교 재학기간 중 <u>본인이 의미를 두고 노력했던 교내 활동</u>을 배우고 느낀 점을 중심으로 3개 이내로 기술해 주시기 바랍니다. 단, 교외 활동 중 학교장의 허락을 받고 참여한 활동은 포함됩니다(1,500자 이내).

▶ 문항 2번의 질문의 내용을 살펴보면, 학교생활 전반적인 영역에서 내용이 도출될 수 있다고 생각합니다. 자신이 지원한 전공과 어떤 관련성이 있는지에 대한 판단에 따라 내용 배치를 해 주시면 되겠습니다.

예)

1. 양로원 봉사활동

2. 수상 내역, 교내 경시 대회 및 각종 대회 참가 내역과 인상적인 기록들

3. 창의적 체험활동의 행사 참여 활동

4. 지역아동센터 교육 봉사활동

---

5. 도서부 동아리활동/동아리 부장 활동

6. 과목별 세부능력 및 특기사항의 인상적인 기록들

7. 독서활동

8. 행동특성 및 종합의견의 학급 부실장 활동, 성실성과 자기주도학습 수행노력 및 장점
   과 단점 등

9. 기타 등등(생활기록부에는 기록되어 있지 않지만, 자신이 생각하기에 소중한 경험이
   나 유의미하고 진정성 있는 학교생활 등)

3. 학교생활 중 배려, 나눔, 협력, 갈등 관리 등을 실천한 사례를 들고, 그 과정을 통해 배우고 느낀 점을 기술해 주시기 바랍니다(1,000자 이내).

예)

1. 양로원 봉사활동

2. 수상 내역, 교내 경시 대회 및 각종 대회 참가 내역과 인상적인 기록들

3. 창의적 체험활동의 행사 참여 활동

4. 지역아동센터 교육 봉사활동

5. 도서부 동아리활동/동아리 부장 활동

6. 행동특성 및 종합의견의 학급 부실장 활동, 성실성과 자기주도학습 수행노력 및 장점
   과 단점 등

7. 기타 등등(생활기록부에는 기록되어 있지 않지만, 자신이 생각하기에 소중한 경험이
   나 유의미하고 진정성 있는 학교생활 등)

예와 내용을 참조해서 자기소개서 각 문항을 한 번 모두 기록해 보세요.

1. 고등학교 재학기간 중 학업에 기울인 노력과 학습 경험에 대해, 배우고 느낀 점을 중심으로 기술해 주시기 바랍니다(1,000자 이내).

2. 고등학교 재학기간 중 본인이 의미를 두고 노력했던 교내 활동을 배우고 느낀 점을 중심으로 3개 이내로 기술해 주시기 바랍니다. 단, 교외 활동 중 학교장의 허락을 받고 참여한 활동은 포함됩니다(1,500자 이내).

3. 학교생활 중 배려, 나눔, 협력, 갈등 관리 등을 실천한 사례를 들고, 그 과정을 통해 배우고 느낀 점을 기술해 주시기 바랍니다(1,000자 이내).

옥석 가려내기

앞에서 기록한 활동 내역 중 문제의 핵심 관련 내용을 기술해야 합니다. 핵심 관련 내용을 기술하기 위해서는 다음의 사항을 고려해야 합니다.

① 인성, 학업역량 및 전공적합성을 반영한 기록인지.
② 문항의 내용에 적합한 교육적 활동 내용인지.
③ 자신의 잠재가능성, 우수성, 미래 발전 가능성을 표현하고 있는지.
④ 각 활동에 대한 기록이 의미 있고, 명확하고 구체적인지.

이러한 4가지 사항과 2일차에 기록한 각 활동 내용과 관련된 활동 내용을 다시 정리해 봅시다. 다음의 각 활동 내용별로 자신이 생각한 내용에 위의 4가지 사항을 고려하여 기술해 봅시다. 물론 다른 우수한 자질을 포함시켜도 좋겠습니다. 자신의 경험을 바탕으로 자세하게 기록해 봅시다. 각 교육적 활동마다 있을 법한 내용들과 잊지 말아야 할 사항을 기록해 놓았습니다. 자기소개서 각 문항의 질문에 대한 적절한 대답이 될 수 있도록 자신만의 에피소드를 떠올리면서 각 질문에 대한 답을 기술해 보세요.

1. 양로원 봉사활동 등 배려, 나눔, 협력, 갈등 관리 등을 실천한 사례 및 느낀 점

- 매주 토요일 아침 9시부터 오후 1시까지 봉사를 감. 할머니, 할아버지들을 위해서 청소와 배식, 그리고 간단한 간식 만들기 등의 여러 가지 일을 함. 할머니, 할아버지들과의 상호작용에서 끈끈한 정을 느낌. 그분들의 삶을 이해하고 공감하며 우리 사회가 나아갈 방향을 모색함.

  ◎ 위의 내용들을 살펴보고 자신의 경험을 상세히 기록해 봅시다.

2. 수상 내역, 교내 경시 대회 및 각종 대회 참가 내역과 인상적인 기록들 등 수상과 그것을 위한 노력들

- 과학 경시 대회에 참가함. 팀별로 대회에 참가함. 한 팀에서 갖추어야 할 단체정신은 협동심과 배려 등이 필요하다고 생각함. 과학 경시 대회에 참가하기 위해서 어떤 기초 지식과 활동을 해야 하는지 기록함. 대회 속에서 어떤 활동을 하였으며, 어떤 점이 자신의 전공적합성에 부합되는지를 기록함. 미래에 무엇에 도움이 되는지 그리고 발전 가능성은 어떤지 기록함. 수상 순위는 이미 학생기록부에 있으므로 기록하지 말 것('~에서 우수한 성과를 거두는 계기가 되었다' 정도로만 기록할 것).

✿ 수상 내역, 교내 경시 대회 및 각종 대회 참가를 위해서 의미 있는 활동 내용을 기록해 봅시다.

3. 창의적 체험활동의 행사 참여 활동에서 인성 및 학업 역량과 전공적합성과 관련된 활동들과 느낀 점

- 체험활동 중 가장 기억에 남는 활동은 무엇인지 기록함. 그 활동의 과정과 절차 등을 기록함. 누가 누구를 위해서 하는 활동인지, 서로 필요한 인성적 자질(협동심, 배려심 등)은 무엇인지 기록함. 자신의 마음가짐이 어떻게 긍정적으로 변화했는지 기록함. 각 행사의 의의와 목적에 대해서 생각해 보고 간략히 기록해 볼 것. 자신의 전공과 관련해 필요한 활동 내용인지 생각해 보고 기록할 것.

4. 지역아동센터 교육 봉사활동 등 전공적합성 관련된 경험들과 노력들

- 교육 관련 진로 희망을 추구하는 학생들은 교육활동 자체에 어떠한 교육적
  의의가 있는지 기록함. 봉사활동 자체에 초점을 두어 상대방을 이해하며
  나눔과 배려의 활동이 어떤 부분인지 기록함. 교육 봉사활동을 통해 자신
  의 삶에 미치는 영향은 어떤지 기록함. 자신의 전공적합성에 어떤 긍정적
  영향을 미칠지를 기록함. 구체적이고 상세한 진술은 거짓이 아니라는 것을
  증명하므로 될 수 있으면 활동을 구체적으로 기록해야 함. 아동을 가르치
  면서 처음에 가졌던 마음가짐과 중간에 시행착오 등의 과정을 거치면서 깨
  달은 느낌과 나중에 결과로 얻어지는 소중한 경험들을 기록할 것. 교육 활
  동 과정 안에서 일어나는 활동들을 될 수 있으면 구체적이고 명시적으로
  기록하고 그것으로 인해 생기는 이점들을 기록할 것.

5. 도서부 등 동아리활동/동아리 부장 활동(자율동아리 활동 포함) 등과 관련된 활동들

- 도서부 활동의 내용이나 성격에 대해 기술함. 동아리에서의 자신의 위치 (부장, 차장) 등을 기록하고 그 위치에서 했던 일과 지향해야 할 역할을 생각하여 기술함. 단체 활동에서 어떤 협력과 갈등관리가 있었는지, 서로를 대하는 태도는 어떠해야 하는지를 기록함. 활동을 자세하게 기록할 것. 동아리의 성격은 어떠한지, 동아리에서의 활동 내역은 무엇인지, 동아리 활동이 자신의 학교생활에서 어떤 영향을 미쳤는지, 교육적 효과가 있었는지를 판단해 보고 기록할 것.

6. 과목별 세부능력 및 특기사항의 인상적인 기록 사항들

- 자신이 좋아하는 과목과 잘하는 과목을 생각해 볼 것. 자신의 전공과 관련하여 어떤 과목에 강점을 가지고 있는지 기록할 것. 그 과목에서 특히 기억에 남는 활동은 무엇인지, 그 활동을 통해서 어떤 점을 배우고 깊이 깨달았는지, 그리고 그 활동의 교육적 효과는 무엇인지 기록할 것. 문과 전공 선택 시 국어와 영어, 사회탐구영역 중에, 그리고 이과 전공 선택 시 수학과 과학탐구영역 중에 어떤 과목을 잘하고 열심히 했는지 기록할 것.

7. 독서활동 관련 활동 및 느낀 점

- 도서 목록을 하나하나 기록해 보고 자신이 지원한 전공과 관련이 되어 있는 도서는 어떤 것인지 기록해 볼 것. 그 책을 읽어본 후 느낀 점이 자신이 지원한 전공에서 어떤 긍정적인 영향을 미치는지 기록해 볼 것. 책에서 읽은 내용 중 감명 깊은 부분과 갖추어야 할 전공에 필요한 인성적 자질과 어떤 관련이 있는지 생각해 보고 기록할 것. 각 질문항목에 독서가 미치는 영향에 관계가 있는지 판단해 볼 것. 독서가 미치는 근본적 영향력(방대한 지식의 습득, 상식을 키우는 힘, 지적 능력을 키우는 힘, 자기계발을 시키는 힘 등)에 대해 생각해 보고 그것을 몇 번 문항, 어떤 항목에 적용시킬까를 생각해 볼 것.

8. 행동특성 및 종합의견의 학급 부실장 활동, 성실성과 자기주도학습 수행노력 및 장점과 단점 등 학급 조직에서의 자신의 역할과 역할 수행에서 한 일

- 학급 실장 또는 부실장으로서 보람 있었던 일, 학급에서의 자신의 역할, 단체의 한 리더로서 갖추어야 할 리더십의 세부사항 등 지위에 따른 역할에 대해 생각하고 기록할 것. 자신이 학급을 위해서 꾸준히 수행한 성실성과 관련된 활동에는 어떤 것이 있는지 기록할 것. 특히, 자신의 학업과 관련하여 자기주도학습을 수행한 점과 자기주도학습 방법, 예를 들어, 학습 플래너를 활용한 계획적이고 체계적인 학습을 수행했는지, 또는 단짝 친구나 3~4명씩 스터디 그룹을 만들어서 꾸준히 학습에 관한 협력학습을 수행했는지, 그리고 멘토링 등의 재능 기부 및 학습활동을 수행했는지, 그리고 그것에 따른 영향력은 어떤 것들이 있는지 생각해 보고 기록할 것.

9. 기타 등등(생활기록부에는 기록되어 있지 않지만, 자신이 생각하기에 소중한 경험이나 유의미하고 진정성 있는 학교생활 등)

- 선생님들이 기록하는 학교생활기록부 외에 학교생활에서 일어나는 비공식적인 생활을 기록할 것. 선생님들이 알 수 없는 학교생활을 통찰력을 가지고 들여다보면서 느낀 점들을 기록할 것.
- 가령, 단짝 친구와 시험 때마다 공부하고 만나서 토론하면서 서로가 미처 깨닫지 못하는 부분을 알게 된다든지, 이를 통해 협력학습의 소중함과 공동체의식을 느낀다든지, 친구와의 학습 활동에서의 상세한 사항을 기록할 것.
- 학급에서 학급실장이나 학급 조직원으로서의 역할에 대한 자신의 가치관과 판단기준으로 자신이 어떻게 학급에서 생활했는지, 행동적, 정서적 측면에서 생각해 보고 기록할 것.
- 학교 행사에서 자신의 전공적합성과 관련하여 어떤 느낌을 가지고 있었는지 기록할 것.

학교에서 자신과 관련된 내용들을 모두 기록하셨나요? 이제 어느 정도 자신을 알게 되셨나요? 하나하나 기록하다 보면 자신에 대해 알게 됩니다. 어떻게 보면 자기소개서는 '나'를 알아가는 '자아성찰 과정'이라고 생각합니다. '나'를 돌아보면서 고등학교 3학년까지의 생활을 마무리하는 성격도 있는 것 같아요.

위에서 간략히 기록한 내용을 바탕으로 좀 더 형식을 제대로 갖추어서 자기소개서를 쓰는 노력을 해 보겠습니다. 글의 형식에 있어서 글의 구성 방식을 정하는 것이 매우 중요한 일이라고 생각합니다. 구성이 분명하면 내용이 별 것 없더라도 잘 갖추어진 글이라고 판단되는 것은 당연지사입니다. 일단 형식을 갖추고 안의 내용을 다듬는 연습을 해 보겠습니다.

글의 구성 방식 정하기

-글의 형식 갖추기-

'**3일차: 옥석 가려내기**'를 통해서 자기소개서에 기록할 내역을 정하였다면, 그 내역에 대한 내용을 논리적으로 기록해야 합니다. 논리적 글쓰기를 위해서는 다음과 같은 사항을 고려해야 합니다.

> 1. 글의 구성 방식을 두괄식으로 정하는 것이 좋습니다.
> 2. 짧은 글이지만 '서론−본론−결론'의 형식을 갖추어야 합니다.
> 3. 닫힌 결말이 좋을지, 열린 결말이 좋을지를 정해야 합니다.

위의 고려사항을 바탕으로 글을 어떻게 쓰는 것이 좋은지 살펴보도록 하겠습니다.

1. 글의 구성 방식을 두괄식으로 정하는 것이 좋습니다

글의 구성, 특히 문단의 구성 방식에는 두괄식과 미괄식, 그리고 양괄식(수미상관)이 있습니다. 두괄식은 글의 주제나 중심 내용이 글의 첫 부분에 나오는 것이고, 미괄식은 그것들이 글의 끝부분에 나오는 것이며, 양괄식은 글의 주제나 중심 내용이 글의 첫 부분과 끝부분에 주제를 배치하는 방법을 말합니다.

자기소개서는 이 중에서 글의 첫머리에 주제를 배치하는 방식인 두괄식이 가장 좋은 방법으로 알려져 있습니다. 글의 첫 부분에 자신이 이야기하고자 하는 핵심 내용을 넣고, 그 다음에 부연 설명 또는 뒷받침 문장을 이어서 말하는 방법입니다.

두괄식을 선호하는 이유는 글을 읽을 때 지원자의 중심 내용을 먼저 알려서 강한 인상을 심어 주기 때문입니다. 첫 문장부터 인상적이고 매력적인 글의 중심 내용을 쓴다면, 글의 주제가 명확해지고, 글의 방향성이 분명해지기 때문입니다. 따라서 글을 읽는 입학사정관들에게 자신의 입장을 분명하게 어필하게 됩니다. 첫 부분부터 입학사정관들에게 강한 인상을 심어준다면, 일단 절반은 성공한 셈이라고 할 수 있습니다.

2. 짧은 글이지만 '서론 – 본론 – 결론'의 형식을 갖추어야 합니다.

'서론 – 본론 – 결론'의 구성 개념은 영어의 Essay(에세이) 작성에서 나왔다고 생각합니다. 자기소개서 쓰기도 두괄식의 문단 작성 글쓰기에 가깝습니다. Essay 쓰기 형식을 자기소개서에 적용시켜 보고자 합니다. 적절한 글의 구성이 잘 짜인 형식을 갖추고, 정돈된 형식은 글의 논리를 만들어 냅니다. 잘 구성된 논리가 다른 사람을 이해시키고 설득력을 갖추게 됩니다.

자기소개서는 문단 작성의 비교적 짧은 글입니다. 이 때문에 완벽한 서론 – 본론 – 결론의 글의 구성 방식이 나오기가 어렵습니다. Essay가 아니기 때문에 더욱 그러합니다. 하지만 약간 개념을 변형시켜서 '서론 – 본론 – 결론'의 구성방식으로 자기소개서를 작성한다면, 논리적인 글쓰기가 가능하다고 생각합니다.

서론에서는 우선 독자들의 흥미를 불러일으킨다는 일반적인 개념을 배제하고, 말하고자 하는 글의 중심 내용, 즉 주제를 기록합니다. 주제를 분명하고 임팩트(impact, 영향력)있게 언급합니다. 이는 읽는 이가 글을 보다 쉽게 이해할 수 있으며, 글의 전체적인 방향을 결정합니다.

본론에서는 주제를 뒷받침하는 문장을 기록합니다. 뒷받침 문장은 영어로 supporting details라 하여 자신이 주장하고자 하는 주제를 뒷받침하는 세부적인 내용을 말합니다. 자신이 이야기하고자 하는 중심 내용을 뒷받침하는 과정을 상세히 이야기합니다. 그 과정에서 배우고 느낀 점을 자세하게 그려봅니다. 그런 다음 결론으로 넘어갑니다.

결론에서는 서론에서 말한 글의 중심 내용을 정리해서 언급해 줍니다. 자신의 느낌과 미래에 일어날 가능성에 대해서 언급하는 것도 좋은 방법입니다. 특별한 결론이 생각이 나지 않을 경우에는 배우고 느낀 점을 결론 부분에 기록하는 것이 좋겠습니다.

위와 같이 '서론-본론-결론'을 구상하고, 두괄식의 글의 구성을 갖춘다면, 글을 읽는 이가 더욱 이해하기 쉬울 것입니다.

3. 닫힌 결말이 좋을지, 열린 결말이 좋을지를 정해야 합니다

닫힌 결말과 열린 결말은 글의 결론 부분에서 고민할 부분입니다. 결론을 이야기하고자 한다면, 닫힌 결말로 끝을 맺을 것인지, 열린 결말로 끝을 맺을 것인지를 결정해야 합니다. 그럼 닫힌 결말과 열린 결말이 무엇인지 알아볼까요?

닫힌 결말은 첫 부분(서론)에서 글의 중심 내용으로 강조한 부분을 다시 한 번 정리 및 강조하며 명확하게 써 주는 결말 방법입니다. 반면에 **열린 결말**은 미래에 진행될 사항을 예측해 보는 내용으로 결말을 내는 방법입니다. 열린 결말로 결론을 내려주면, 읽는 이로 하여금 멋진 미래를 상상하도록 만들어 줍니다. 명확하게 결론을 내리면서 자신이 이야기하고자 하는 것을 정확하게 전달하는 닫힌 결말도 좋은 방법이지만, 읽는 사람, 즉 입학사정관으로 하여금 자신의 이야기에 대해서 보다 더 생각하고 상상할 수 있도록 열린 결말을 택하는 것도 좋은 방법이라 할 수 있습니다.

이렇듯이 글을 구성하는 방식을 정해야 하는데, 자기소개서 작성에 있어서는 두괄식을 사용한다고 가정하고, '서론-본론-결론'의 구성방식을 택했다면 다음과 같은 구조가 나올 것입니다.

〈글의 구성 방식〉 - 두괄식

1. 글의 주제(서론)
↓
2. 뒷받침 문장(본론)
↓
3. (결론)

위와 같은 글의 구성방식에 따라 문단을 구성하는 방법을 정해야 합니다. 짧은 글이라 해서 문단을 나누지 않고 각 문항을 한 문단으로 쓴다면, 형식에 미흡함을 보이리라 생각합니다. 글은 형식과 내용이 서로 조화를 이루어야 읽는 이로 하여금 좋은 글이라고 평가받으리라 생각합니다. 이를 바탕으로 문단을 여러 개로 나누어서 무엇을 써야 할지를 생각해 볼까요?

첫 번째 문단에서는 자신이 이야기하고자 하는 주된 소재 또는 주제를 써야 합니다. 명확하면서도 간결하게 이야기해야 합니다. 두 번째 문단에서는 그것을 뒷받침하는 소재 1에 대해서, 그리고 세 번째 문단에서는 소재 2에 대해서 서술하고, 마지막 문단에서는 결론을 써 주는 것이 보기 좋은 알맞은 형식이라고 할 수 있겠습니다.

때로는 위의 '서론-본론-결론' 방식보다는 '서론-본론 및 결론'의 형태로 본론과 결론을 통합하는 것도 좋은 방식이 될 수 있습니다. 내용과 글의 길이에 따라 유연하게 구성하는 것이 좋을 듯합니다.

두괄식과 '서론-본론-결론'의 구성방식과 2, 3, 4일차에 기록한 내용들을 조화롭게 잘 적용시켜 봅시다. 어떤 내용을 어떤 형식을 활용하여 어떻게 기록하면 좋을지를 염두에 둡니다. 그런 다음, 다음 페이지의 자기소개서를 직접 기록해 봅시다.

1. 고등학교 재학기간 중 학업에 기울인 노력과 학습 경험에 대해, 배우고 느낀 점을
   중심으로 기술해 주시기 바랍니다(1,000자 이내).

2. 고등학교 재학기간 중 본인이 의미를 두고 노력했던 교내 활동을 배우고 느낀 점을 중심으로 3개 이내로 기술해 주시기 바랍니다. 단, 교외 활동 중 학교장의 허락을 받고 참여한 활동은 포함됩니다(1,500자 이내).

3. 학교생활 중 배려, 나눔, 협력, 갈등 관리 등을 실천한 사례를 들고, 그 과정을 통해 배우고 느낀 점을 기술해 주시기 바랍니다(1,000자 이내).

양식을 보면, 한 문항에 두 페이지에 걸쳐서 자기소개서를 작성하도록 되어 있습니다. 처음에는 무엇을 기록해야 할지 잘 생각이 나지 않기 때문에 목록부터 기록하는 것이 좋겠습니다. 그러다가 차츰 기억이 나고 새로운 아이디어가 떠오르기도 합니다. 생각나는 중요 단어-구-절, 그리고 문장 순으로 기술하면 됩니다. 여러 가지 시행착오를 겪기 때문에 각 문항 당 두 페이지씩 할당했습니다. 많이 생각하고 연습해서 좋은 글을 쓰기 바랍니다.

충분한 연습이 되었다면 다음으로 넘어갈까요? 다음은 자신이 생각한 목록 및 내용으로 '스토리 만들기' 시간을 가져 보겠습니다. Here we go~

세부 내용 갖추기

-글의 구성에 맞추어서 활동 내역으로 스토리 만들기-

4일차에서 두괄식과 '서론-본론-결론'의 구성 방식을 갖추어서 자기소개서를 잘 기록해 보셨나요? 이제 어느 정도 형식을 갖추어 놓았으니 글을 쓰고 읽기가 한결 수월할 것입니다. 다음은 글을 매끄럽게 다듬는 단계로 넘어가 보겠습니다.

'**3일차: 옥석 가려내기**'를 통해서 자기소개서에 기록할 내용을 탐색 및 결정하고, '**4일차: 글의 구성 방식 정하기**'를 통해 글의 구성 방식을 두괄식 및 '서론-본론-결론' 또는 '서론-본론 및 결론'으로 써 보는 연습도 했습니다. 그 다음은 글의 구성에 맞추어서 활동 내역으로 스토리를 만들어야 합니다. 보다 흥미롭고 인상적인 스토리 구성이 읽는 이 즉, 입학사정관들에게 더욱 매력적으로 보이니까요.

그렇다면 각 문항에 대한 스토리 구성 시 주의해야 할 사항들은 어떤 것이 있는지 살펴보도록 하겠습니다.

각 문항에 대한 스토리를 구성할 때, 다음과 같은 원칙에 유의하여 작성하는 것이 좋겠습니다.

1. 문제를 정확하게 읽자
2. 질문에 대한 정확한 답변을 하자
3. 유니크(Unique)한 '나'를 만들자
4. 학업역량과 전공적합성을 잊지 말자

위와 같은 원칙을 기억하시고, 각 원칙에 따른 실천 방안은 어떤 것들이 있는지 함께 생각해 보도록 하겠습니다.

1. 문제를 정확하게 읽자

어떤 질문이든지 문제를 푸는 가장 첫 번째 단계는 문제를 정확히 읽는 것입니다. 문제를 정확히 읽는 이유는 답을 정확하게 쓰기 위함입니다. 답을 정확히 쓰는 것이 곧 자기소개서를 잘 쓰는 것입니다. 그럼, 문제를 또박또박 소리를 내서 읽어 볼까요?

---

1. 고등학교 재학기간 중 학업에 기울인 노력과 학습 경험에 대해, 배우고 느낀 점을 중심으로 기술해 주시기 바랍니다(1,000자 이내).

2. 고등학교 재학기간 중 본인이 의미를 두고 노력했던 교내 활동을 배우고 느낀 점을 중심으로 3개 이내로 기술해 주시기 바랍니다. 단, 교외 활동 중 학교장의 허락을 받고 참여한 활동은 포함됩니다(1,500자 이내).

3. 학교생활 중 배려, 나눔, 협력, 갈등 관리 등을 실천한 사례를 들고, 그 과정을 통해 배우고 느낀 점을 기술해 주시기 바랍니다(1,000자 이내).

위의 공통문항을 다음과 같이 세분화해서 하나하나 살펴보겠습니다.

---

1. 고등학교 재학기간 중 학업에 기울인 노력과 학습 경험에 대해, 배우고 느낀 점을 중심으로 기술해 주시기 바랍니다(1,000자 이내).

---

① 고등학교 재학기간 중

초등학교, 중학교 재학 시절의 추억은 제외합니다. 반드시 고등학교 시절의 이야기를 해야 합니다.

② 학업에 기울인 노력과 학습 경험에 대해,

학업역량과 관련 있는 내용입니다. 학습이란 배워서 익히는 것, 심리학에서는 좀 어려운 말로 경험의 결과로 나타나는, 비교적 지속적인 행동의 변화나 그 잠재력의 변화. 또는 지식을 습득하는 과정을 말합니다. 반면에 학업은 공부하여 학문을 닦는 일과 주로 학교에서 일반 지식과 전문 지식을 배우기 위하여 공부하는 일을 말합니다. 즉, 공부와 관련된 노력과 학습에 관한 경험을 이야기해야 합니다.

자신이 공부를 어떻게 했는지, 누구와 했는지, 스스로 개발한 공부 방법은 혹시 있는지, 스터디 다이어리를 활용한 계획적이고 조직적인 학습을 했는지, 자신만이 알고 있는 공부의 비결들에 대해 일관성 있고 설득력 있게 기술하면 좋겠습니다.

③ **배우고 느낀 점을 중심**으로 기술해 주시기 바랍니다.

대학은 교육기관입니다. 활동의 주요 기반이 교육적이라면 바람직하다고 생각이 드는 것은 당연한 이야기겠죠? 배우고 느낀 점을 교육적 효과와 연관 지어 생각하면 되겠습니다. 자신이 ②번에서 실천한 방법으로 공부를 해 보니 어떤 것을 배우게 되었고, 어떤 점을 느꼈는지 자신의 생각을 적어 보세요. 문제에 대한 정답에 근접할 것입니다.

(④ **1,000자 이내**).

1,000자라고 하니까 보통 950자~1,000자 사이는 적어야 하겠죠? 너무 적으면 성의가 부족하다고 생각할지 모르고, 1,000자 이상이면 입력 자체가 되지 않으므로 반드시 적절한 글자 수로 꼭 필요한 내용을 기록하면 되겠습니다. 보통 1,000자라고 하면 경험상, 한두 개 정도의 테마(중심 내용)를 다루면 될 것 같습니다. 굵직한 에피소드(episode) 한두 개 정도를 생각해 보세요. 글자 수나 글의 구성이 한결 수월할 것입니다.

---

2. 고등학교 재학기간 중 본인이 의미를 두고 노력했던 교내 활동을 배우고 느낀 점을 중심으로 3개 이내로 기술해 주시기 바랍니다. 단, 교외 활동 중 학교장의 허락을 받고 참여한 활동은 포함됩니다(1,500자 이내).

---

① 고등학교 재학기간 중

위와 같습니다. 초등학교, 중학교 시절이 아닙니다. 반드시 고등학교 시절의 이야기를 해야 합니다.

② 본인이 의미를 두고 노력했던 교내 활동을

반드시 교내 활동을 이야기해야 합니다. 자칫 교외활동에 대해 언급하면 바로 탈락입니다. 물론 질문에서 언급되었듯이, 봉사활동처럼 학교장의 허락을 받고 수행한 활동에 대해서는 예외입니다. 자신이 어느 부분에 의미를 두고 활동했느냐가 중요합니다. 자신의 **전공적합성과 자기주도성 및 리더십 관련 내용 등**을 기록하는 것이 좋은 예라고 할 수 있겠습니다.

③ 배우고 느낀 점을 중심으로

위의 교내 활동이 자신이 지원한 전공 선택에 어떤 영향을 미쳤는지, 발전 가능성과 잠재력은 향상이 되었는지, 이를 통해서 무엇을 배우고 느꼈는지, 자신의 생각을 기록하면 되겠습니다.

④ 3개 이내로 기술해 주시기 바랍니다.

보통 1,000자이면 두 개 정도의 중심 내용을, 1,500자이면 두세 개 정도의 테마(중심 내용)를 기록하는 것이 적당하다고 생각합니다. 거기에서 하나 정도 많으면 쓸 내용이 구체적이지 않게 되고, 하나 정도 적으면 부연 설명이나 잉여적인 이야기가 생기는 경우가 많습니다. 딱 필요한 이야기만 하려면 1000자는 두 개, 1500자는 두세 개 정도가 적당하다고 생각합니다. 자신이 수행한 활동과 과정과 배우고 느낀 점을 얼마만큼 충실한 내용으로 기록하느냐에 따라 테마의 수를 정하는 것이 좋은 방법입니다.

⑤ **단, 교외 활동 중 학교장의 허락을 받고 참여한 활동은 포함**됩니다.

교외 활동 중 학교장의 허락을 받고 참여한 활동으로는 주로 봉사활동이 이에 해당합니다. 또한 교육청 주관의 생활기록부 반영 가능한 내용들도 포함됩니다. 이 경우에 보통 생활기록부에 기록이 되어 있으면 내용의 신뢰성이 더욱 높아집니다.

하지만 교외 활동이 자기소개서에 들어갈 만한 자격을 갖추었느냐, 그렇지 않느냐를 명확히 판단해야 합니다. 그런 판단 기준이 될 수 있는 것이 바로 생활기록부입니다. 생활기록부에 적혀 있는지 그렇지 않은지를 우선 확인해야 합니다. 생활기록부에 적혀 있다면 자기소개서에 적어도 될 가능성이 높습니다.

생활기록부에 기록되어 있는데도 자기소개서에 기록을 할 수 있는지 없는지 결정하기가 너무 애매하면 지원한 대학 입학처에 문의하면 되겠습니다. 너무 고민하지 마세요.

(⑥ 1,500자 이내).

글자 수를 1,450자~1,500자 정도로 맞추는 것이 좋겠습니다. 적어도 1,400자 정도는 되어야 한다고 생각합니다. 두세 개 정도의 교내 활동을 과정과 배우고 느낀 점을 중심으로 상세히 기록한다면 1,500자 정도의 글자 수를 맞출 수 있을 것이라고 생각합니다.

3. 학교생활 중 배려, 나눔, 협력, 갈등 관리 등을 실천한 사례를 들고, 그 과정을 통해 배우고 느낀 점을 기술해 주시기 바랍니다(1,000자 이내).

① <u>학교생활 중</u>

학교생활에 초점을 맞추어야 합니다. 학교 외 동아리나 생활을 중심으로 이야기를 하지 않도록 합니다.

② <u>배려, 나눔, 협력, 갈등 관리 등을 실천한 사례</u>를 들고,

이 사례를 들려면, 학교생활을 상세하게 상기해야 합니다. 동아리 활동(자율동아리 포함)이나 학교 행사를 준비할 때, 다른 학생들과 서로 협력한 일이 있었는지 기억해 보세요. 함께 일을 수행하면서 갈등이 일어났는지, 갈등이 일어났다면 그 갈등을 해결하기 위해서 어떤 행동과 감정적인 일을 겪었는지 기억해 보세요. 만약 갈등이 잘 해결되었다면 상대방을 어떻게 배려하고, 어떻게 이해했는지를 생각해 보세요. 그것을 진솔하게 논리적으로 기술하면 되겠습니다.

봉사활동에서도 충분히 이런 일들을 겪었을 것입니다. 상대방을 배려하고 나눔을 실천했던 적은 없었는지 기억해 보세요. 분명 자신이 수행한 봉사 중에 배려와 나눔 그리고 협력 활동이 숨어 있을 것입니다.

③ **그 과정을 통해 배우고 느낀 점**을 기술해 주시기 바랍니다.

위에서 '배려, 나눔, 협력, 갈등 관리 등'의 경험이 기억이 났다면 반드시 그러한 경험을 통해서 배우고 느낀 점이 있을 것입니다. 자신이 어떻게 느꼈는지 교육적인 효과를 미래지향적이고 긍정적인 측면에서 기록해 보세요. 경험을 통해서 아쉬웠던 점, 개선해야 할 점, 발전시켜야 할 점 등을 하나하나 기록하다 보면, 이 문항은 충분한 분량으로 완성되리라 생각합니다. 또한, 앞으로 어떻게 행동하고 생각하고 싶은지도 기록해 보세요. 해답이 보일 것입니다.

(④ **1,000자 이내**).

위에서도 언급하였지만 950자~1,000자는 되어야 하겠죠? 이 글자 수가 적절하다고 생각합니다. 한두 개 정도의 테마 또한 적절하다고 생각합니다.

이렇게 자기소개서 공통 질문을 분석하고 어떤 부분을 쓸 것인지 확인해 보았습니다. 모든 문제를 풀 때 문제를 정확하게 파악하는 것이 가장 중요합니다. 다시 한 번 강조하면서, '**2. 질문에 대한 정확한 답변을 하자**'로 넘어가 보겠습니다.

이 부분에서는 각 항목에 실제 자기소개서를 작성하여 구체적으로 살펴보겠습니다. 두괄식이라는 글의 구조를 갖추고 '서론-본론-결론'의 조건을 갖추어서 (예시)를 기록해 보겠습니다.

(예시)

1. **고등학교 재학기간 중 학업에 기울인 노력과 학습 경험에 대해, 배우고 느낀 점을 중심으로 기술해 주시기 바랍니다.(1,000자 이내).**

계획학습과 협력학습은 학업 성적의 향상은 물론 개인적 생활 규범을 바르게 세우고 주변의 소중함을 깨닫게 하는 소중한 경험이 되었습니다.

1학년 1학기 때, 성적이 몹시도 안 좋았습니다. 노력하지 않은 것도 아닌데, 시험에서 성적이 좋지 못하였습니다. 고민하던 중 영어 선생님께서 말씀해 주신 '면학십계'라는 공부 방법을 접하게 되었습니다. 그중 첫 번째 '학습의 계획을 세우자. 계획 없는 곳에 성공 없다'라는 구절이 눈에 들어왔습니다. 공부할 때, 계획성 없이 했던 저를 반성하면서, 바로 학습의 계획을 세웠습니다. 각 과목별로 일별, 주별, 월별 단위로 나누었습니다. 세부적으로 공부할 분량과 시간 계획을 세우고, 단위별로 학업성과를 점검했습니다. 학교에서 저녁 늦게까지 공부하고 집으로 돌아와 잠에 들기 전에 목표량 달성 여부와 잘못된 점을 반드시 점검했습니다. 잘못된 점은 고치고 좋은 방법은 바로 학습에 적용하였습니다. 그 결과 2학기 때부터는 괄목할 만한 성적을 거두게 되었습니다.

계획학습은 2학년 때의 협력학습을 통해서 더욱 견고해졌습니다. '혼자서는 결코 성공할 수 없다'는 말이 있습니다. 함께하는 공부의 장점이 있었던 것이었습니다. 단짝 친구와 공부한 것을 공유하고, 토론하고, 요약하고, 정리하고, 중요한 부분을 알려주고, 문제로 만들어 질의응답하는 등의 학습활동을 했습니다. 혼자서는 알 수 없었던 중요한 사항들을 친구와의 협력학습을 통해서 깨닫게 되었습니다. 의견을 나누던 중 모르던 것을 알게 되었고, 서로 중요한 부분이 겹칠 때에는 별표 두 개를 표시하여 반드시 숙지하도록 했습니다. 그 결과 2학년 1학기에는 1학년 때보다 더욱 만족할 만한 성적을 거두었습니다.

계획학습으로 자기주도학습을 꾸준히 실천하였고, 협력학습으로 친구의 소중함과 의견 교환 및 공유의 중요함을 깨달았습니다. 개인의 발전은 물론 사회의 발전의 중요성을 깨닫고 '혼자'가 아닌 '우리'가 함께하는 사회를 만들어야겠다고 생각하게 되는 결정적 계기가 되었습니다.(995자)

▶ 중요 테마를 계획학습과 협력학습, 두 개로 정했습니다. 계획학습과 협력학습을 위해 기울인 노력과 학습 경험을 구체적인 예를 들어서 기술하였습니다. 구체적인 장면과 상세한 내용은 읽는 이로 하여금 진정성을 느끼게 합니다. 마지막에 결론 부분에서는 두 테마의 과정을 통해 느끼고 깨달은 점을 기록하였습니다. 자신의 느낌을 명료하게 기록하면 좋겠습니다.

자기소개서에는 정답이 없습니다. 위에 쓴 내용도 물론 정답이 아닙니다. 다만, 위에 기록된 구성 형식과 내용으로 글쓰기를 연습하면 좋겠습니다. 앞에서 본인이 연습한 내용을 바탕으로 다음 페이지에 본인이 기록할 테마(중심 내용)를 정해서 한 번 기록해 보세요(⇒ 어느 과나 전공 모두 적합하지만, 구체적으로 과의 특성에 알맞게 기록하는 것이 좋겠습니다).

★ 자신이 지원한 전공과 관련한 학업적 노력이면 더욱 좋겠습니다.

1. **고등학교 재학기간 중 학업에 기울인 노력과 학습 경험에 대해, 배우고 느낀 점을 중심으로 기술해 주시기 바랍니다(1,000자 이내).**

(예시)

2. **고등학교 재학기간 중 본인이 의미를 두고 노력했던 교내 활동을 배우고 느낀 점을 중심으로 3개 이내로 기술해 주시기 바랍니다. 단, 교외 활동 중 학교장의 허락을 받고 참여한 활동은 포함됩니다(1,500자 이내).**

국제화시대의 인재에 필요한 어학 실력을 키우고, 함께 행복한 사회를 만들겠다는 사명감을 가지고 고등학교 재학기간 동안 상당한 노력을 기울였습니다.

우선 외국어 실력 향상에 중점을 두었습니다. 영어 공부를 우선적으로 열심히 하였습니다. 아침이면 버스 안이나 쉬는 시간 틈틈이 영어 단어를 공부하였고, 점심시간에는 듣기 공부를 하였습니다. 학교 야간 자율학습에 참여하여 영어 독해와 문법 공부도 소홀히 하지 않았습니다. 잘 모르는 내용은 잘하는 친구나 선생님께 물어보았습니다. 자기 전에는 또 듣기 공부를 하였고, 이해를 바탕으로 숙지하려고 노력했습니다. 영어는 국제화 시대를 주도할 언어라고 생각하였기에 의사소통 능력을 키우기 위해서 회화 공부도 꾸준히 했습니다.

제 2외국어로는 중국어를 선택하여 중국과의 교류에 필요한 인재가 되고자 노력하였습니다. 중국은 한국과의 교류에서 압도적 1위를 달리고 있고, 세계에서 발전 가능성이 가장 높고 잠재력이 풍부한 나라라고 생각하기 때문에 중국어를 더욱 열심히 공부하려고 노력했습니다. 복습과 예습을 철저히 하였고, 모르는 내용은 중국어 선생님께 질문을 하여 습득하였습니다. 한자에 기초가 없었기 때문에 한문 선생님께도 많은 도움을 구하였습니다. 비록 사드 문제로 정치적 갈등 요소가 생겼지만, 언젠가는 서로 화합과 평화를 이룰 수 있기에 그때를 대비하는 유비무환 정신으로 열심히 공부했습니다.

한편, 다 같이 행복한 사회, 더불어 행복한 사회 만들기에 관심을 가지고 학급 부실장으로서 맡은 바 책임을 다하였습니다. 학급의 부족한 청소 일손이 필요할 때에는 앞장서서 도와주었고, 아픈 친구를 부축해 주기도 하였습니다. 학습과제물을 취합하는데도 학급 실장과 주도적으로 하였고, 학급 내 교우관계 발전을 위해 학급 친구들의 생일을 잊지않고 챙겨주는 행사를 기획하였습니다.

시험 때면 학급 게시판에 각 과목의 시험 범위를 기록하여 친구들이 학습에 더욱 노력을 집중할 수 있도록 도와주었습니다. 친구들과 함께 공부하면서 서로 중요한 내용을 알려주고 예상 문제를 만들어서 친구들과 함께 점검했습니다. 그 결과 반평균이 상승하는 효과를 거두었습니다. 영어와 중국어를 공부하면서 글로벌 코리아를 위한 인재가 되기 위해서는, 언어뿐만 아니라 한 나라의 관습과 문화, 그리고 자연에 대해 공부해야 한다는 것을 느꼈습니다. 사회문화를 통해 각 나라의 문화에 대해 공부하였고, 세계지리를 통해 각 국가에 대한 이해의 폭을 넓혔습니다. 이를 통해 그 나라 사람, 문화, 자연을 더욱 이해할 수 있게 되었고 넓어진 이해의 폭은 원활한 의사소통을 가능하게 할 것이라고 생각했습니다. 또한 친구들과 함께 공부하면서 세계화의 현실에 대한 이해를 도모하였고, 서로 화합하기 위해서는 이해와 배려의 마음으로 역지사지의 태도가 필요하다는 것을 깨달았습니다. 외국어 학습과 함께 행복한 사회를 만드는 데 더욱 노력을 기울여서, 세계 속에 우뚝 선 대한민국을 가꾸는데 한 개인으로서 최선의 노력을 다할 것을 다짐합니다.(1,476자)

▶ '국제화시대의 인재에 필요한 실력을 키우고, 함께 행복한 사회를 만들겠다'라는 두 가지 노력을 중심으로 과정을 서술하였습니다(⇒ 국제화와 관련된 전공에 적합). 국제화시대의 인재가 되기 위한 노력으로 영어와 중국어 학습의 과정을 기술하였고, 함께 행복한 사회를 만들기 위한 노력으로 학급 부실장으로서의 역할 수행을 중점적으로 기술하였습니다(⇒ 외국어과 전공에 적합). 그러면서 중간중간에 자기주도학습이라는 학업역량에 대한 이야기를 하였고, 리더십과 책임감, 그리고 이해와 배려라는 인성과 도덕성을 언급하였습니다(⇒ 어느 과 전공이나 모두 적합). 마지막 문단에서는 앞으로의 발전 가능성을 위한 노력을 지속적으로 추구할 것을 약속하면서 마무리를 하였습니다.

이처럼 학업역량, 인성과 도덕성, 그리고 전공적합성과 잠재가능성을 직접적 또는 간접적으로 이야기 속에 자연스럽게 넣어 주는 것이 좋겠습니다. 다만, 제가 인위적으로 만든 이야기라 더욱 유니크한 이야기가 되도록 구체적으로 작성되면 좋겠습니다.

★ 자신이 지원한 전공과 관련한 학업적 노력이면 더욱 좋겠습니다.

2. **고등학교 재학기간 중 본인이 의미를 두고 노력했던 교내 활동을 배우고 느낀 점을 중심으로 3개 이내로 기술해 주시기 바랍니다. 단, 교외 활동 중 학교장의 허락을 받고 참여한 활동은 포함됩니다(1,500자 이내).**

3. 학교생활 중 배려, 나눔, 협력, 갈등 관리 등을 실천한 사례를 들고, 그 과정을 통해 배우고 느낀 점을 기술해 주시기 바랍니다(1,000자 이내).

교내 축제 기간 중 방송부 동아리에서 학교 축제를 준비한 경험은 타인을 배려하고 친구들과의 협력이 절대적으로 필요하다는 사실을 절감하게 했습니다.

2015년 9월 학교 축제를 했습니다. 동아리에서는 '다함께 한마당'이라는 학생들과 선생님들의 장기자랑 프로그램을 준비했습니다. 무대를 꾸미고, 마이크와 앰프를 설치하고, 방송 장비를 갖추는 일이었습니다. 동아리 부원들이 서로 협력하며 장비를 나르고 설치하였습니다. 위치를 점검하던 중 친구와 갈등이 생겼습니다. 무대 좌측으로 참가자들이 나오므로 장비는 무대 우측에 설치하는 것이 나은 것 같다는 의견을 그 친구가 무시했습니다. 아니나 다를까 참가자들이 무대에 오르면서 중간에 연결하는 선에 걸려 넘어졌습니다. 앰프에서 잭이 떨어져 나오고 갑작스러운 굉음으로 주위는 시끄러웠습니다. 속으로 '그것 봐라. 내 말대로 하지?' 이런 생각을 하는 사이에, 동아리 부원들이 일사불란하게 움직였습니다. 다시 앰프와 선을 연결하고, 무대 우측으로 옮겼습니다. 뒤늦게나마 신속하게 취한 조치로 자칫 잘못하면 망칠 뻔한 연중행사를 원활하게 끝냈습니다.

행사를 모두 마치고 동아리 부원 전체가 장비를 정리했습니다. 그 친구는 저에게 미안하다고 했습니다. 저의 생각대로 했다면 그런 불상사는 일어나지 않았을 것이라고 말했습니다. 저는 순간 부끄러웠습니다. 그 친구의 행동을 비웃었고, 어려운 순간에 솔선수범하여 일을 해결하려는 적극성도 부족했습니다. 하지만 좋았던 점은 친구의 마음을 이해했고, 단체 활동에서는 부원들끼리 서로의 의견을 존중하고 배려해야 한다는 사실을 깨달았다는 것입니다. 또한 어려울 때 서로 협력하여 문제를 해결하여 원활한 행사 진행이라는 궁극적인 목표를 달성했다는 점이 자랑스러웠습니다. 이를 계기로 주변을 돌아보는 마음이 조금이나마 생겼습니다. 타인에 대한 이해와 배려는 그 마음이 반사되어 자신에게 돌아오는 부메랑과 같습니다. 서로 존중하고 협력하는 태도로 모두가 화합하는 세상을 밝히는 등불이 되고 싶습니다.(992자)

▶ 서론에서 '방송부 동아리 활동에서 배려와 협력의 중요성을 느꼈다'는 주제를 내세움으로써 두괄식의 형태를 취했습니다. 중간의 본론에서 동아리 축제 준비하는 동안 일어났던 갈등을 자세하게 그렸고, 자신의 느낌을 이야기했습니다. 마지막 결론에서 이해와 배려의 마음을 갖추고 화합하는 세상을 만든다고 결말을 지었습니다(⇒ 방송부 동아리 활동이 자신이 지원한 과나 전공과 관련이 되어 있다면 스토리가 적합합니다).

형식이 잘 갖추어진다면 읽는 이로 하여금 정돈된 느낌을 받을 수 있다고 생각합니다. 정돈된 형식 안에 간결한 문장과 적절한 어휘, 상세한 상황 설명, 질문에 대한 명확한 답변, 진정성 있는 스토리와 표현력, 유의미한 교육적 효과, 상황을 바라보는 통찰력 등이 가미된다면 보다 설득력 있고 매력적인 자기소개서가 될 것이라고 생각합니다.

3번에서의 예는 '축제 준비하는 동아리 활동'이라는 한 가지 활동으로 써 보았습니다. 아이들의 이야기들에 대한 기억으로만 쓴 내용이라 다소 디테일한 면이 부족합니다. 학생인 여러분의 학교생활을 바라보는 시각으로 그 상황을 들여다보고 표현해 보세요. 더욱 상세한 내용을 기술할 수 있을 것이라 생각합니다. 글자 수가 1,000자 정도라서 긴 에피소드 하나이면 비교적 상세하게 기록할 수 있을 것이라고 생각합니다. 어떤 일이 있었는지 머릿속으로 기억을 더듬어 보고 하나하나 자세한 장면을 떠올려 보세요. 그 안에서 인상적이었던 장면이나 질문에서 언급한 '배려, 나눔, 협력, 갈등 관리 등을 실천한 사례'에 대해 정확하게 기술해야 합니다. 무난한 학교생활이라 하더라도 협력과 갈등과 관련된 작은 일 하나 정도는 생각이 날 것입니다. 자신에게 깨달음을 준 일을 글로 정확하게 표현하는 것이 중요합니다(⇒ 배려, 나눔, 협력, 갈등 관리 등의 경험이 자신이 지원한 전공과 관련해서 배우고 느낀 점을 기록하는 것이 더욱 좋겠습니다).

★ 자신이 지원한 전공과 관련한 학업적 노력이면 더욱 좋겠습니다.

3. **학교생활 중 배려, 나눔, 협력, 갈등 관리 등을 실천한 사례를 들고, 그 과정을 통해 배우고 느낀 점을 기술해 주시기 바랍니다(1,000자 이내).**

이제 '**2. 질문에 대한 정확한 답변을 하자**'에 대한 구체적 예와 설명을 통해서 어떻게 자기소개서를 작성해야 하는지 파악하셨나요? 다시 한 번 당부 드리지만 자기소개서에는 정답이 없습니다. 자신을 믿고 중요하다고 생각하는 내용을 솔직하게 기록해 보세요. 논리를 잘 세우고, 하고 싶은 이야기를 마음껏 들려주세요. 그럼 틀림없이 여러분의 자기소개서를 잘 쓸 수 있을 것이라고 생각합니다.

유사함 속에서 다름을 찾자

고등학교 3년 동안 학생들은 똑같은 학교에서 똑같은 교육과정으로 똑같은 수업을 받아왔습니다. 동아리 활동에도 특별한 것이 없을지도 모르고 담임 선생님도 3년 동안 같을 수도 있습니다. 매년 반복되는 학교 행사와 비슷할지도 모르는 학급 구성원에 학급 조직까지 어쩌면 자신이 맡았던 청소 당번까지 비슷할지도 모릅니다.

하지만 그 속에서 가장 다른 것은 바로 '여러분 자신'입니다. 학생들 개개인은 서로 다른 인격체이며 다른 시각으로 학교생활을 바라봅니다. 수업을 들어도 받아들이고 깨닫는 정도가 모두 다릅니다. 공부하는 정도나 선생님에 대한 생각도 모두 다릅니다. 동아리 활동도 같은 동아리라 할지라도 활동하는 정도가 다릅니다. 활동을 수행하는 자세도 다릅니다.

이렇게 유사함 속에 다름이 들어 있습니다. 이런 차이를 자신의 시각으로 들여다보며, 상황과 사물에 대한 통찰력을 발휘해야 합니다. 그 통찰력의 차이가 바로 자기소개서의 차이라는 결과로 드러납니다. 상황을 바라보는 시각은 세밀해야 합니다. 어떻게 그런 세밀한 사고를 할 수 있을까요? 한 번 같이 과정을 그리고 유니크하게 만들어 볼까요?

유니크한 '나'를 발견하기

1. 우선, 생활기록부를 들고 자기만의 조용한 장소를 찾아서 이동합니다. 자신에게 익숙한 장소일수록 더욱 좋습니다.

2. 교실이나 자기 방에서 준비된 생활기록부를 1번 항목부터 읽어봅니다. 기록되어 있는 것을 꼼꼼히 읽어봅니다.

3. 자신에게 유의미하고 중요하고 인상적인 활동이라고 생각하는 것에 형광펜으로 표시를 합니다.

4. 1번 항목부터 10번 항목까지 하나도 빠짐없이 읽어서 중요항목에 표시를 합니다.

5. 그런 다음 표시한 항목을 노트에 기록합니다. 1일차에서 언급한 내용을 다시 보면서 적용시켜 보세요.

6. 자신이 중요하다고 생각하는 활동의 목록을 만들어 보세요.

7. 적혀 있는 모든 활동을 펼쳐 놓고 그 중 자신의 전공적합성과 학업역량, 자신의 진로 희망과 관련 있는 내용을 기록해 보세요.

8. 학교에 따라 인재상을 참조할 필요는 있습니다. 하지만 절대 신봉은 하지 않는 것이 좋겠습니다. 인재상에 억지로 끼워 맞추다 보면 자신만의 개성을 잃기 쉬울 테고 부자연스러운 문맥을 양산하기 마련이니까요.

9. 선별한 리스트 내용으로 세밀하고 진정성 있고, 유의미하게 자신만의 독특한 경험을 머릿속에서 꺼내서 문장으로 펼쳐 봅니다. 자신만의 매력을 드러내는 내용들을 머리에 떠올려 보세요.

이런 여러 가지 활동을 순차적으로 적용시키다보면 자신만의 경험 속에서 유니크한 자신을 발견할 수 있으리라 생각합니다. 자신을 믿고 자신감을 가지세요.

★ 학교생활에서 나만의 유니크(독특하고 유일한)한 면이 있는지 생각해 보세요. 학업 역량이나 전공 적합성에 이런 점들이 드러날 수 있는 활동이나 내용을 기록해 보세요.

　다음 이야기는 **'학업역량과 전공적합성을 잊지 말자'**입니다. 이 부분은 자기소개서의 내용을 구성할 때, 입학사정관들이 가장 중요하게 보게 될 부분입니다. 지원한 학생이 과연 지원 전공을 공부할 만한 학업역량을 갖추고 있는지, 지원한 전공에 적합한 자질과 능력을 지니고 있는지를 자기소개서에 나타내야 합니다. 지원한 대학과 학과 전공에 꼭 필요한 학생을 우선적으로 뽑는다고 합니다. 그런 자질과 능력을 자기소개서를 통해서 충분히 나타내야 하지 않을까요?

　자기소개서에 유니크한 '나' 속에 학업역량과 전공적합성을 표현해야 합니다. 예를 들어, 영어과를 지원하였다면 영어 교과 수업시간이나 영어 학습 활동 또는 교내 영어 관련 경시대회에 나간 경험과 노력을, 국어국문과를 지원하였다면 국어 수업시간이나 국어 학습 활동 또는 국어 관련 대회에 나간 경험과 노력을, 사회학과에 지원하였다면 사회 교과 수업시간이나 사회 교과 학습 활동 또는 인문사회 경시대회 등에서 인상적인 내용을 자기소개서에 기록하는 것이 좋은 방법이라고 할 수 있습니다.

　만약 그런 내용이 없다고 생각한다면, 자신이 수행한 봉사활동이나 동아리활동 또는 학급 조직에서 자신이 지원한 전공과 관련 있는 활동이나 역할을 수행했는지도 살펴봐야 합니다. 독서활동도 전공적합성과 관련이 될 수 있습니다. 그 안에서 유의미하고 자신의 장점을 부각시킬 수 있는 활동 내용을 찾아야 합니다.

　활동 자체가 중요할 수 있습니다. 하지만 무엇보다 중요한 것은 그 활동과 자신이 지원한 전공과 관련시키는 시각입니다. 그런 시각은 어디에서 생기는 것일까요? 바로 생각입니다. 생각을 골똘히 해 보세요. 밥 먹을 때도 등교할 때도 그리고 화장실에 갈 때도 **학업역량과 전공적합성**에 대한 생각에 몰두해 보세요.

만약 학업역량과 전공적합성 관련 내용이 생각나지 않는다면, 자신이 지원한 학교의 홈페이지에서 자신이 지원한 전공 학과나 학부를 탐구해 보세요. 대학교에서 추구하는 인재상을 살펴보고, 지원한 학과의 교육과정도 둘러보고, 교수님들은 어떤 분들이 계시는지, 혹시 책을 읽어서 알고 있는 교수님이 계신지도 살펴보는 것도 좋겠습니다. 혹시 책에서 알게 된 교수님이었고 자신의 생활기록부에 있는 독서활동에 나타나 있다면 그 부분을 자기소개서 작성에 활용해 보는 것도 좋은 방법이라고 할 수 있습니다.

이렇게 여러 가지 다양한 방법을 동원하여 자기소개서에 기록할 내용을 발견해 보세요. 특히, 학업역량과 전공적합성과 관련된 활동 내용은 반드시 자기소개서에 들어가야 합니다. 이 부분을 명심하시고 자신이 기록한 자기소개서에 그 부분이 들어가 있는지 꼭 확인해 보세요.

위에서 언급한 내용이 자신의 자기소개서에 잘 나타나 있다면 다음으로 넘어가겠습니다. 6일차는 문장력 기르기를 공부해 보겠습니다. 어떻게 나의 문장력을 단기간에 기를 수 있는지 함께 공부해 볼까요?

문장력 기르기

–적절한 방법과 표현으로 똑같은 내용을 더욱 매력적으로 다듬기–

'4일차: 글의 구성 방식 정하기'에서 전체적인 글의 구성 방식의 방향을 설정하고 '5일차: 세부 내용 갖추기'를 통해서 주요 테마를 정해서 자신의 경험을 세부적으로 어떻게 글쓰기를 전개할지 정했습니다. 그 다음은 문장력을 기를 차례입니다. 적절한 방법과 표현으로 문장력을 기르려면 어떤 방식을 따라야 할까요? 제가 생각하는 좋은 문장력 기르는 법을 추천해 드릴까 합니다.

① KISS – 문장은 간결하게 기록하자

KISS=Keep it short and simple

글쓰기 전략 중에 위의 KISS 전략이 있습니다. 매력적인 글쓰기 전략으로 많은 작가들이 실천하고 있는 전략입니다. 말 그대로 짧고 간결하게 쓰자는 전략입니다. 문장을 짧게, 필요한 말만 간단히 말하는 습관이 자기소개서 작성에는 절대적으로 중요한 요소입니다.
.

반복이나 중복을 피하는 게 좋습니다. 자기소개서는 글자 수를 맞추는 글쓰기입니다. 누구나 유의미하고 인상적인 활동이나 느낌을 강조하고 싶은 마음은 간절합니다. 그러나 썼던 내용을 쓰고 또 쓰고, 반복되면 읽는 이는 지루해집니다. 또한 '쓸 내용이 없나보다'라고 생각할 것입니다. 유기적 연결을 위해서는 앞에서 이야기한 내용은 다시 쓰지 않도록 유의하세요.

간결하게 표현하기 위해서는 단문으로 기록하는 것이 좋은 방법입니다. 《유시민의 논술특강》에서 작가 유시민은 단문으로 쓸 것을 강조했습니다. 저는 다음과 같이 덧붙여 이야기하고 싶습니다.

문장에는 단문과 중문, 그리고 복문이 있습니다. 이 개념은 주로 영어에 나오는 것입니다. 단문은 한 문장에 주어와 동사가 한 개씩 나오는 것을 말합니다. 중문은 영어에서는 등위접속사 and, but or, so, for 등, 즉 '그리고, 그러나, 또는, 그래서, 왜냐하면 등'을 활용하여 주어나 동사가 두 개 이상이 되는 문장이고, 복문은 종속접속사 when, because, if, although 등, 즉 '~할 때, ~이니까, 만약 ~라면, 비록 ~일지라도' 등으로 문장 속의 문장 즉, 절을 연결하여 주어와 동사가 두 개 이상이 되는 문장입니다. 단문으로 문장을 기록하는 것이 간결함을 띄는 것은 당연한 일입니다. 문장이 짧으면 읽는 사람이 문장을 빠르게 이해할 수 있습니다. 문장을 길게 늘여서 만연체로 쓰다보면 중간에 주어가 무엇인지, 말하려는 의미가 무엇인지 중요한 내용을 놓칠 우려가 있습니다. 의미가 잘 파악이 안 되면, 여러 번 읽어야 합니다. 여러 번 읽다보면 짜증이 나겠죠? 결국 이런 영향이 1단계 탈락의 빌미를 제공할 수 있습니다. 내신 성적이 높다고 무조건 1단계 합격의 기쁨을 제공하지는 않습니다.

간결함은 읽는 이가 글을 빠르게 이해하도록 도와줍니다. 대입에서 자기소개서를 읽는 사람은 주로 입학사정관입니다. 입학사정관이 지원자의 글을 빨리 읽어서 말하고자 하는 의도를 빨리 파악해야 좋은 인상을 받을 수 있습니다. 인상적인 글은 1단계 서류 전형을 통과하는 데 크게 기여합니다. 이런 장점을 제공하기에 글은 간결하게 쓰는 것이 좋겠습니다.

위의 KISS 전략을 생각해서 6일차에서 기록한 자기소개서의 문장을 간결하게 기록하는 연습을 해 봅시다. 간결하게 고치는 연습을 하다보면 어떻게 문장을 짧게 기록하는지 방법을 터득하게 됩니다. 그럼, 6일차 기록을 살펴볼까요?

◎ 5일차에서 기록한 자기소개서의 문장을 다시 읽어보세요. 긴 문장을 아래에 기록해 보세요. 그리고 단문으로 짧게 고쳐 보세요.

② 가능하면 '저'라는 단어를 빼자

단문으로 문장 쓰기가 잘 실천되었다면 주어를 '저는'으로 시작하지 않았으면 좋겠습니다. '저는 ~했습니다. 저는 ~가 되고 싶습니다. 저는 ~라고 생각합니다. 저는 ~이 되겠습니다' 등의 표현은 입학사정관으로 하여금 단조롭게 만들며 지루하게 합니다. 어차피 모든 내용은 바로 '나'에 대한 이야기, 즉 '저'에 대한 이야기입니다. '저'라고 쓰지 않아도 바로 '저'에 대한 이야기라고 읽는 사람은 생각합니다.

'저는'이라고 쓰는 순간 글자 수를 잡아먹습니다. 자기소개서를 쓰다보면 글자 수를 맞춰서 쓴다는 것이 얼마나 어려운가를 알게 될 것입니다. 처음에는 이쯤 쓰면 '글자 수가 차 있겠지'라는 생각을 합니다. 하지만 처음 글은 늘 부족하게 마련입니다. 개요에 대한 것만 생각하기 때문입니다. 다른 사건과 장면을 생각하게 되고 느낌에 디테일을 더 넣어 봅니다. 그러다 보면 글자 수가 초과합니다. 글자 수 조절을 위해서 불필요한 말을 제거하게 되는데 그 첫 번째가 바로 '저'라는 말입니다.

6일차에 기록한 자기소개서에서 불필요한 '저'가 들어간 말을 빼 봅시다. 물론 문맥상 꼭 필요하다면 기록해야 합니다.

'저'라는 단어가 들어있는 문장과 그것을 뺀 문장을 아래에 기록해 보고 어떤 것이 보다 자연스럽고 간결한지 파악해 보세요.

③ 개연성을 갖추자

자기소개서에는 고등학교 시절과 학교생활에서의 경험을 주로 씁니다. 자신의 경험을 통해 깨달은 점이나 느낌이 주를 이루기 때문에 자신의 경험이 왜 그런 깨달음이나 느낌을 갖게 했는지에 대한 개연성이 글 속에서 드러나야 합니다.

개연성은 주로 소설에서 쓰는 용어이며, 현실성이나 진정성과 상통하는 의미입니다. '어떤 사건이 있어서 어떤 활동을 했으며 어떻게 문제를 해결해서 어떤 느낌을 갖게 되었다'라는 내용을 읽는 이에게 이해시킵니다. 글이 개연성에 의해서 유기적으로 잘 연결된다면 읽는 이도 고개를 갸우뚱하지 않고 몰입할 수 있을 것입니다.

개연성이 있으려면 원인과 결과의 인과관계를 잘 연결 지어야 합니다. 사건이 왜 있었는지, 그것에 따른 결과는 어떻게, 왜 나왔는지, 원인과 결과에 대한 연결고리가 명확해야 합니다. 이런 인과관계가 읽는 이로 하여금 올바르게 이해하고 흥미를 가지고 읽을 수 있는 원천이 될 것입니다.

◉ 6일차까지 기록하고 수정한 자기소개서에서 '개연성'이 부족한 문장을 찾아, 인과관계가 잘 연결되어 있는지 왜 그런 결과가 나왔는지 찾아보고 다음에 그 문장을 다시 한 번 고쳐 써 보세요.

④ 진정성을 보여주자

자기소개서에는 당연히 자신의 이야기를 써야 합니다. 다른 누구의 이야기를 보고 베끼면 절대 안 됩니다. 다른 사람에게 조언을 구하더라도 자신에 관한 이야기의 개요는 자기 스스로 만들어야 합니다. 시험에 합격하기 위해서, 극적인 요소를 가미시키기 위해서, 없는 이야기를 만들어 내서는 안 되겠죠? 자신만의 진솔하고 유니크한 이야기가 진정성을 만들어 냅니다.

또한, 생활기록부에 근거가 있는 이야기를 들려줘야 합니다. 가령, 기아체험을 중심 테마로 정했다고 합시다. 그것을 자신이 실제로 했는지 생활기록부를 통해 입학사정관들은 확인할 것입니다. 만약 기아체험에 관한 기록이 없다면, 그 스토리의 진정성을 의심하겠죠?

진정성이 없다면 1단계를 통과했더라도 그것을 확인하기 위해서 면접 시 질문을 할 것입니다. 진정성은 그런 질문들에 대한 대비책이기도 합니다. 만약 거짓으로 이야기를 조작하였다면 입학사정관들이 좌시하지 않습니다. 그들은 전문가입니다. 진실과 거짓은 반드시 걸러지게 마련입니다. 그러므로 사건과 이야기 속에 진정성을 갖추는 것이 면접을 대비하는 셈입니다.

⑤ 명확한 용어를 사용하자

명확한 용어의 사용은 자신의 생각을 분명하게 표현하게 합니다. 명확한 용어는 읽는 사람에게 정확하게 글쓴이의 의도를 전달합니다. 지원자가 자신의 이야기를 진솔하고 진정성 있게 썼다고 하더라도, 용어의 사용이 부적절하거나 불명확하다면 의미가 정확히 전달이 되지 않을 것입니다.

특히, 전공적합성과 관련된 용어 사용에 있어서는 더욱 그러합니다. 자신이 지원한 전공에 대한 지적 호기심을 표현할 경우, 전공과 관련된 명확한 용어를 사용한다면, 자원자가 지원한 전공에 대한 기초지식을 갖추고 있는 것으로 인식됩니다. 가령, 문예창작학과에 지원할 경우 국어 교과에서 작문 관련 과목 수업 시 배웠던 용어를 적절히 사용하면 보다 전문성이 돋보일 것입니다.

명확한 용어를 사용할 경우, 자신의 지적 능력을 보여줄 수 있습니다. 정확한 표현으로 신뢰성을 얻을 수 있으며, 세부적이고 전문적인 용어로 전문성을 인정받을 수 있습니다. 이러한 요소는 지성으로 이어지고, 지원자가 똑똑한지 그렇지 않은지를 판별하는 중요한 기준이 됩니다. 대학에서는 자신의 대학에 알맞은 자격을 갖춘 학생을 뽑고 싶어 합니다. 어떠한 방법으로든 지적 능력과 인성 자질이 우수한 학생을 뽑으려고 노력하는 것이 당연하다고 생각합니다.

'것', '부분' 등은 애매모호한 내용을 나타낼 때 주로 사용됩니다. 정확히 무엇을 이야기하는지 다시 한 번 생각해 보고 정확한 용어로 고쳐보세요.

자신이 지원한 학과에서 사용하는 전문 용어 중 자기소개서에 꼭 사용하고 싶은 용어는 어떤 것이 있나요? 다음 네모 안에 써 보세요.

자신이 지원한 전공 관련 용어를 학교 교과 수업 시간에 배운 적이 있나요? 어떤 과목이었으며, 어떤 단원이었나요? 아래에 써 봅시다.

위에서 기록한 용어 중 가장 중요한 핵심 용어를 사용하여 아래에 자신의 경험을 스토리로 풀어서 기술해 보세요.

위의 스토리를 간결하고 명확하게 그리고 구체적으로 아래에 기록해 보세요.

⑥ 6하 원칙을 지키자

    사건과 활동을 구체적으로 기록하기 위해서는 6하 원칙을 활용해야 합니다. 6하 원칙이란 '누가, 언제, 어디서, 무엇을, 어떻게, 왜' 했나를 말합니다. 자신의 교내 활동이나 경험을 구체적으로 이야기하기 위해서는 6하 원칙을 활용하는 것이 가장 적절하다고 생각합니다.

    6하 원칙을 지켜가며 구체적으로 기술한 기록은 진정성을 갖게 합니다. 거짓말도 상세하고 구체적으로 만들어지면 진정성을 의심할 수 없다고 합니다. 물론, 거짓말을 하라는 이야기는 아닙니다. 그만큼 구체적으로 작성된 이야기는 다른 사람에게 신뢰가 가고 믿을 만하다는 말입니다.

    6하 원칙을 지키면서 기록하자면, 상황에 대한 세심한 주의를 기울일 필요가 있습니다. 여러분이 기록하고자 하는 경험이나 사건의 순간으로 돌아가 봅시다. 가령, 축제 시 동아리 활동이 유의미하다고 생각해 봅시다. 축제의 순간으로 돌아가서, 어떤 장면이 연출되고 있는지 머릿속에 그려보세요. 그 장면 하나하나를 기록한 다음, 자신이 이야기하고자 하는 장면에서 멈추어 보세요. 그때 어떤 일이 일어났나요?

    6하 원칙을 지켜가며 자신에게 의미 있는 경험을 기록하는 글쓰기 연습을 해 보도록 하겠습니다.

◎ 자기소개서 2번 고등학교 재학기간 중 본인이 의미를 두고 노력했던 교내 활동을 배우고 느낀 점을 중심으로 3개 이내로 기술해 주시기 바랍니다. 반드시 '누가, 언제, 어디서, 무엇을, 어떻게, 왜' 했는지를 활용해서 기술해 주시기 바랍니다.

⑦ 통찰력을 발휘하자

자신이 지금 서 있는 곳에서 일어나 보세요. 그리고 주위를 둘러보세요. 보이는 부분이 모두 똑같나요? 그렇지 않을 것입니다. 자신이 서 있는 자리에서 사방, 팔방으로 시야를 뻗는 것, 바로 그것입니다. 자리는 똑같지만 보이는 것은 그렇지 않습니다. 여러분이 경험한 것은 비슷하지만 바라보는 시각은 다릅니다.

이렇듯이 자기소개서에는 같은 경험을 다른 시각으로 기록하는 것입니다. 자기소개서는 자신만의 기록입니다. 다른 사람이 가지고 있는 경험을 함께 경험할 수는 있습니다. 하지만, 느낌이 같을 수는 없습니다. 그 다른 느낌을 기록해 보세요. 어떻게 다른 느낌을 기록할 수 있을까요?

바로 통찰력입니다. 사건이나 사물, 그리고 경험을 바라보는 나만의 독특하고 깊은 생각, 그것이 통찰력입니다. 자신이 지원한 전공과 자신의 경험을 관련지어 보고 자신만이 볼 수 있는 독특한 생각들을 기록해 보세요. 남들과 다른 무엇을 자기소개서에 기록해 보세요.

다음 페이지에서 연습해 봅시다.

◎ 기억나는 인상적인 경험이 있나요? 학급 활동, 학습 경험, 교과 수업, 동아리 활동, 학교 행사 활동, 봉사활동 등등 학교에서 있었던 모든 활동을 떠올려 보세요.

◎ 학급에서 맡은 책임 중 다른 사람과 달랐던 경험은 무엇인가요?

자신만의 공부 비법이 있나요? 어떻게 공부를 하였나요? 기발한 공부 방법이나 학습에 필요한 멋진 아이디어를 적어 보세요.

자신이 가장 좋아하는 과목은 무엇인가요? 자신이 지원한 학과 전공과목과 유사한가요? 그렇다면 수업 시간에 배운 내용, 발표한 내용이나 조별 활동 중 인상적인 내용이 있었나요? 무엇인지 기록해 보세요.

◎ 어떤 동아리에 가입하였나요? 동아리 활동 중 가장 기억에 남는 장면이 있나요? 과정을 그려 보고, 자신이 한 역할을 생각해 보세요. 혹시 특별한 에피소드가 있었나요?

◎ 인상적인 학교 행사 활동은 무엇인가요? 그 행사에서 자신은 어떤 역할을 하고 어떤 활동에 참여하였나요? 꼼꼼하게 기록하고 특별한 것이 있었는지 그 과정을 상세히 기록해 보세요.

어떤 동아리에 가입하였나요? 동아리 활동 중 가장 기억에 남는 장면이 있나요? 과정을 그려 보고, 자신이 한 역할을 생각해 보세요. 혹시 특별한 에피소드가 있었나요?

인상적인 학교 행사 활동은 무엇인가요? 그 행사에서 자신은 어떤 역할을 하고 어떤 활동에 참여하였나요? 꼼꼼하게 기록하고 특별한 것이 있었는지 그 과정을 상세히 기록해 보세요.

◔ 자신이 학교생활 중 봉사활동을 한 적이 있을 것입니다. 어떤 봉사활동을 했나요? 가장 인상적인 봉사활동과 그 활동에서 느끼고 배운 점은 무엇인지 기록해 보세요.

```



```

　이렇게 기록하다 보면 어느덧 자신의 추억이 새록새록 떠오를 것입니다. 인상적인 내용은 물론 왠지 참신한 훌륭한 기억도 떠오를 것입니다. 인상적인 활동과 자신의 역할, 그리고 거기에서 얻은 교훈을 느끼고 배운 대로 기록해 보세요. 전공과 관련된 내용이면 더욱 좋습니다.

⑧ 내용은 구체적으로 기록하자

결코 추상적으로 '성실하다, 좋다, 자기주도학습을 했다. 좋은 인상을 받았다. 모범이 되고자 노력한다. 인상적이다'라고 말하는 것은 좋지 않습니다. 항상 그렇게 생각하는 근거가 있어야 하고, 구체적으로 어떤 면이 성실하고, 좋은지를 밝혀야 합니다.

가령, '나는 성실하다'라는 말을 하려고 한다고 해 봅시다. 어떤 면이 성실한 것일까요? 매일 학교에 조회시간보다 30분 먼저 와서 학교 청소 봉사활동을 열심히 한다든가, 자습을 한다는 성실하다고 판단되는 내용을 써야 합니다. 쉬는 시간이나 점심시간에 틈틈이 영어 단어를 외운다든가, 수학 문제를 한 문제씩 푼다든가 꾸준히 열심히 하는 내용이 있어야 합니다. 방과 후 학습이나 학교에서 운영하는 자기주도학습 프로그램에 일주일이면 매일이나 주기적으로 학습을 한다는 내용이 나와야 합니다. 아니면 주말에 봉사활동에 꾸준히 참여한다는 내용을 써야 합니다. 즉, 학교생활 중 어떤 한 분야를 꾸준히 열심히 한다는 이야기를 해야 한다는 것입니다.

한 가지 예를 더 들어 봅시다. '나는 자기주도학습을 열심히 했습니다'라는 이야기를 하려고 한다고 해 봅시다. 그럼, 자기주도학습에 해당하는 실천 행동이 어떤 것이 있을까를 생각해야 합니다. 매일 같이 계획적으로 공부한다고 합시다. 계획적으로 공부를 한다면 날마다 학습 계획을 짜는지 아니면 주마다, 월마다 학습 계획을 짜는지에 대해 자세히 이야기해야 합니다. 일일 계획은 시간별로 짜는지, 방과 후에는 혼자서 어떻게 공부를 하는지에 대해 이야기해야 합니다. 말 그대로 자기주도학습의 내용을 자세히 기록해야 합니다. 구체적으로 기록한다면 자신의 학습 과정을 읽는 이에게 제대로 전달할 수 있습니다.

그렇다면 실전 연습을 한 번 모색해 볼까요? 자기소개서에 들어갈 필수적 내용들로

한 번 생각해 보세요.

◎ 자기주도학습을 위한 노력을 했나요? 했다면 어떤 과정과 어떤 내용의 학습을 했는지 자세히
  기록해 보세요.

◎ 협력학습이나 그룹스터디를 했나요? 했다면 어떤 방식과 어떤 과정 그리고 어떤 내용을 공부
  했나요? 자세한 내용과 과정을 글로 기술해 보세요.

무슨 과나 학부에 지원했나요? 그 과에 들어가기 위해서 어떤 노력을 기울였나요? 자신이 그 과에 입학하기 위해서 어떤 능력을 계발했나요? 관련된 고등학교 교내활동을 중요한 것부터 열거해 보세요.

동아리 활동을 생각해 보세요. 자신이 가입한 동아리에서 자신의 어떤 역할을 맡았나요? 축제나 큰 행사에서 어떤 활동을 했나요? 그 활동에서 친구나 후배 또는 다른 구성원들과 갈등이나 협력활동이 있었나요? 있었다면 어떤 부분에서 갈등이나 협력이 있었나요? 자세하게 기술하고 갈등을 어떻게 해결했는지 자세히 써 보세요. 느낀 점도 기술해 보세요.

◉ 봉사활동을 한 적이 있나요? 어떤 기관에서 어떤 일을 했나요? 봉사활동을 통해서 배려와 나눔을 실천하였나요? 어떤 배려와 나눔이었죠? 배려와 나눔을 통해서 어떤 것을 배우고 느꼈나요? 구체적인 자신의 감정을 글로 표현해 보세요.

⑨ 접속사나 연결어를 가능하면 빼자

그리고, 그러나, 그래서, 그러므로 등등을 접속사라고 합니다. 문장과 문장을 매끄럽게 하기 위해서 이런 접속사나 연결어를 넣곤 합니다. 이런 연결어나 접속사는 문맥에 따라 넣지 않아도 그 문장의 진의가 충분히 파악됩니다. 또한 자기소개서에서 글자 수를 잡아먹습니다. 형식상 글을 매끄럽게 하기 위해서 글자 수가 길어진다는 것은, 즉 글의 내용이 줄어든다는 것입니다. 자신이 하고자 하는 이야기의 적절한 흐름을 위해서는 어쩔 수 없이 써야 합니다. 하지만 문맥의 흐름에 크게 영향을 미치지 않는다면 과감하게 접속사와 연결어를 지우는 편이 낫습니다.

자신이 작성한 자기소개서를 다시 한 번 읽어보고, 접속사나 연결어를 지워 봅시다. 접속사나 연결어를 지워서 글자 수가 턱없이 부족하다면, 상세한 과정과 유의미한 내용을 다시 상기해 보세요. 분명 자신이 쓰고 싶었지만, 글자 수가 얼마 남지 않아서 못 쓴 이야기가 있을 것입니다.

생각이 떠오르지 않는다면 글을 다시 읽어 보고 내용어 중심으로 기록해 보세요. 영어식 분류로 예를 들자면, 내용어는 명사, 동사, 형용사, 부사입니다. 정확한 내용어를 사용해서 자신의 부족한 글자 수를 채워 보세요. 글의 질이 달라질 것입니다.

⑩ 경어를 사용하자

 글을 읽는 사람들은 누구일까요? 네, 바로 대학의 입학사정관들과 대학 교수님들입니다. 그분들이 1단계 당락의 중요한 키를 쥐고 있습니다. 학생들 입장에서는 교수님들한테 글을 제시하는 것입니다. 윗분들이니 우리나라 예의상 당연히 경어를 사용해야 합니다.

 경어는 글을 읽는 상대방을 존중하는 표현입니다. 지금 이렇게 저도 경어로 글을 쓰고 있습니다. 이 책을 쓰기 전에 학생들에게 물어보았습니다. 많은 책들이 반말로 글이 쓰여 있는 것에서 기분이 나쁘다는 학생들도 있었습니다. 학생들에게 보이는 글조차 경어를 사용하는 것이 옳다고 생각합니다. 하물며 교수님들에게 보일 글을 반말로 쓰는 것은 예의가 아니라고 생각합니다. 누군가를 가르치기 위해서 경어를 사용하듯이 배움의 자세로 자기소개서를 제출할 때에는 경어를 쓰는 것이 좋겠습니다.

 물론, 경어를 사용하는 것이 글자 수를 더 잡아먹을 수도 있습니다. 글자 수를 고려해서 경어를 적절하게 잘 활용해야 합니다. 너무 극존칭을 쓰지는 않아도 됩니다. 경어를 사용하면서 상대방을 존중하는 것이지 굽히지는 않아도 된다고 생각합니다.

 6일차에서는 '문장력 기르기'를 공부해 보았습니다. 주어진 질문들에 대해 하나하나 대답하고, 5일차에서 기록한 자기소개서와 다시 비교해 보세요. 문장을 가다듬으면서 혹시 자신이 6일차에서 읽은 부분 중 놓치고 있는 부분이 있는지 확인해 보세요. 확인 후 자기소개서를 다시 읽어보고 고칠 부분이 있다면 시간이 지나 후회하기 전에 얼른 고칩시다. 그리고 다음 단계로 넘어가 봅시다.

성공자의 말에 귀를 기울이자

-성공자로부터 배우기-

　면학십계라는 공부 철학에 '**성공자의 말에 귀를 기울이자. 어두운 밤을 비추는 등불이다**'라는 말이 있습니다. 성공자의 자기소개서를 통해서 어떻게 자기소개서가 합격의 열쇠가 되었는지 살펴보는 일은 우리에게 어두운 밤을 비추는 등불처럼 합격으로의 길을 열어줄지도 모르는 일입니다.

　다음 페이지의 자료는 2017 대입 합격자들에게 허락을 구하고 이 책에 옮긴 것들입니다. 자료와 자료의 분석을 통해서 자신의 자기소개서를 가다듬는 데 큰 도움이 되었으면 합니다. 최종 제출본이라고 확신할 수는 없습니다. 약간의 수정을 통해서 정제된 내용을 올려 드립니다. 여러분의 자기소개서에 적절한 방식으로 글쓰기에 참조하시기 바랍니다.

　참고로 많은 대학의 인재상 중에 서울대 인재상을 올려봅니다. 다른 대학도 비슷하다고 생각합니다. 대학의 인재상에 자신을 맞추기보다는 자신이 대학의 인재상이 될 수 있다는 자세를 갖추는 것이 좋겠습니다. 내 자신은 서울대뿐만 아니라 어디에도 없는 하나의 선물이니까요.

〈서울대 인재상〉

1. 스스로 노력하여 매우 높은 **학업성취도**를 보이는 학생

2. **교내외 생활**에서 적극적이고 진취적인 태도를 보이는 학생

3. **다양한** 교육적, 사회적, 문화적 **배경과 경험**을 지닌 학생

4. 사회적 약자에 대한 **배려와 공동체의식**을 가진 학생

5. **글로벌 리더**로 성장할 수 있는 자질을 지닌 학생

첫 번째 Sample - 2017 이화여대 미래사회공학부 합격

1. **고등학교 재학기간 중 학업에 기울인 노력과 학습 경험에 대해, 배우고 느낀 점을 중심으로 기술해 주시기 바랍니다(띄어쓰기 포함 1,000자 이내).**

'공교육 성공신화, ○○○'이라는 제목의 신문 기사는 행복한 상상입니다.

어려서부터 학교 도움만으로도 학업관리를 잘 해 왔기 때문에, 사교육을 받지 않아도 혼자할 수 있다는 자신감이 넘쳤고, '노력하면 잘 될 거야'라는 긍정적 사고를 가지고 있었습니다. 고등학생이 되어서도 공교육에 대한 신념은 여전했고 남들보다 성실한 학교생활을 했습니다. 친구들이 '야자노예'라고 부를 만큼 매일 야간자율학습에 참여했고, 스스로 학습하며 고민하는 시간이 곧 자기주도학습이라 여기며 공부했습니다. 하지만 2학년 때, 계열선택으로 학생 수는 줄었고, 교과 학습량은 방대해져서 결국 기대에 못 미치는 성적을 받았습니다. 혼자 공부하면서 무조건 잘할 수 있다는 자신감은 결국 자신과 공교육에 대한 신념의 오만함이었습니다.

학습 모토를 '함께하는 공부'로 변경했고, 토론과 학습을 접목시켜 과학시사탐구부를 만들었습니다. 과학교과 관련 자료를 조사, 발표한 후 주제에 대해 토론하는 방식으로 진행하였는데, 그 중 양자역학을 주제로 발표했던 것이 가장 기억에 남습니다. 천재들만 즐긴다는 물리교과 수업시간에 양자얽힘을 배웠고, 물질이 멀리 떨어져 있어도 연결될 수 있다는 놀라운 사실을 알게 되었습니다. 양자역학은 흥미로웠지만 어려운 주제였기에 선생님께 자세히 질문하면서 양자얽힘의 비국소성이 정보통신기술에 이용될 수 있음을 알게 되었습니다. 양자얽힘을 이용한 양자정보통신기술의 이용방법에 초점을 맞추고, 온·오프라인을 통해 조사를 하여 친구들에게 발표했고, 결어긋남 현상의 보완방법에 대해 함께 토론하며 지식을 확장시켰습니다. 새로운 분야에 흥미를 가지고 자발적으로 탐구하면서 진정한 자기주도학습의 즐거움을 느꼈습니다.

자기주도학습과 협력학습으로 사고의 폭이 확장되면서 자연스럽게 성적도 향상되었습니다. 공교육에 대한 신념을 지키면서도 새로운 학습법으로 성적하락이라는 위기를 잘 대처한 제가 자랑스러웠고, 오만함은 다시 이유 있는 자신감으로 바뀌었습니다.(977자)

[분석]

▶ 첫 번째 문단에서 글의 대표 모토인 '공교육 성공신화'를 제시함으로써 글의 방향을 명확히 설정하였습니다.

두 번째 문단에서는 자기주도학습, 세 번째 문단에서는 협력학습이라는 테마(중심 내용)를 각각 서두에 제시하여 문단의 방향을 설정하였고, 공교육의 일환이라는 점에서 글의 일관성을 유지하였습니다.

두 번째 문단에서는 자기주도학습에 대한 노력의 과정을 자세하게 설명하면서 자기주도성을 강조하였고, 세 번째 문단에서는 물리교과의 양자역학 중 양자얽힘이라는 개념을 상세하게 설명하면서 전공적합성을 강화하였습니다.

자기주도학습과 협력학습의 과정을 상세하게 그리면서 글의 진정성을 제공했고, 자신감에서 오만함으로, 그리고 반성적 사고를 거쳐서 다시 오만함에서 자신감으로 발전하는 학업에 관한 태도 변화 과정을 그렸습니다.

마지막 문단에서는 올바른 자기주도학습과 협력학습 과정을 통해 배우고 느낀 점을 노력과 경험을 통한 즐거움과 자신감으로 표현해 주며 결론을 잘 맺어 주었습니다. 학업과 학교생활의 충실도와 자기주도성, 전공적합성, 협력학습이라는 사회성, 탐구 정신 등의 학업적, 인성적 덕목이 전체적으로 조화로운 인상을 주는 글이라고 할 수 있겠습니다.

2. 고등학교 재학기간 중 본인이 의미를 두고 노력했던 교내 활동을 배우고 느낀 점을 중심으로 3개 이내로 기술해 주시기 바랍니다. 단, 교외 활동 중 학교장의 허락을 받고 참여한 활동은 포함됩니다(띄어쓰기 포함 1,500자 이내).

2학년 때 수리과학심화탐구반에서 '해수의 수온과 염분의 연직분포'라는 보고서의 방향만 주어진 채 직접 주제를 설정하고 조별 탐구보고서를 작성하는 활동을 했습니다. 정해진 주제와 실험 속에서 탐구를 했던 것과는 달리, 스스로 탐구의 주체가 된 것에 설레었지만 한편으로는 막막했습니다. 조원들과 고민 끝에 '하천의 유출량에 따른 염분분포'를 주제로 정했고 탐구를 위해 개별 자료조사기간을 가졌습니다. 저는 기상청, 한국해양자료센터 등 홈페이지를 돌아다니며 여러 해의 데이터를 수집했고, 그래프 작성 및 결과 분석을 하며 직접 보고서의 자료를 수집했습니다. 혼자서는 자료 탐구 수행이 어려웠는데, 각자 조사한 것을 정리하고 의견을 공유하자 다각적인 자료 해석을 할 수 있었고 부족한 부분을 서로 보완할 수 있었습니다. 예를 들어 예상에서 벗어난 결과를 보인 자료의 해석에 조원들이 어려움을 겪을 때, 제가 염분분포에 영향을 미칠 만한 또 다른 요인인 지역별 강수량을 조사해서 원인을 분석해 보자는 의견을 제시했습니다. 그 결과 유출량이 더 많았던 지역의 월강수량 부족이 원인임을 알아냈습니다. 이를 통해 앞으로 어떤 과제라도 능동적으로 해결할 수 있다는 자신감을 얻었고, 여럿이 합심하면 부족한 점도 시너지 효과로 승화시킬 수 있음을 깨달았습니다. 또한 우리가 직접 작성한 보고서가 하나의 떳떳한 창작물이 되기까지 책임감을 갖고 노력하는 자세를 배웠습니다.

'3차 산업혁명'이라는 책에서 석유 의존적 에너지 체제에서 탈피하고 IT와 결합한 에너지 체제로 나아가야 할 시대가 왔다는 대목이 인상 깊었습니다. 그래서 IT와 결합한 에너지 체제를 주변 실생활에 접목해 보면 좋겠다는 생각에 관심사가 같은 친구들과 자율동아리를 만들었습니다. 독서토론 및 발표활동을 통해 친구들과 함께 IT와 에너지를 융합해서 'IOT기술을 도입한 시추법'을 고안했습니다. 또한 염분차 발전에 대해 조사하고 발표한 것이 가장 기억에 남습니다. 처음에는 '염분차 발전' 기사를 보고, 획기적인 에너지 생산법이라고 생각했습니다. 염분차 발전은 민물과 바닷물의 염분차이를 이용한 발전기술로 이온, 삼투압처럼 간단한 개념을 기초로 하기 때문에 충분히 고려할 만한 발전법이었지만 그러지 못했습니다.

기존에 아는 것을 활용하기보다는, 무조건 어렵고 새로운 것에서 아이디어를 구하려는 제 태도가 문제라는 것을 깨달았습니다. 통찰력이 부족했던 것입니다. 이런 자신을 반성하고 주변을 둘러보자 문득 이전 해에 염분분포를 주제로 탐구활동을 했던 것이 떠올랐습니다. 그래서 이것을 염분차 발전과 연관시켜서 염분차 발전의 입지를 예측해 본 결과, 하천의 유출량이 적은 지역이 염분이 높으므로 염분차가 커져서 유리할 것이라고 예상할 수 있었습니다. 연계적인 활동들로 앞으로 대학에서 연구 활동을 하면서도 이전에 배우고 연구했던 것을 활용해서 제가 관심 있는 분야로 아이디어를 확장시킬 수 있겠다는 확신이 생겼습니다. 또한 더 창조적이고 창의적인 시각으로 사물이나 원리를 바라보면 전 세계의 에너지 전망이 긍정적일 것이라는 생각이 들었습니다.(1,497자)

[분석]

▶ 첫 문단의 서두에 수리과학심화탐구반에서 '해수의 수온과 염분의 연직분포' 조별 탐구보고서를 작성하는 활동을 언급하며 글의 방향성을 정했습니다. 읽는 이에게 명확한 내용을 전달할 수 있겠습니다. 중간 과정에 활동을 상세히 기술하였고, 배우고 느낀 점을 문단의 결론으로 제시하였습니다. 두 번째 문단에서는 '3차 산업혁명'이라는 책과 'IOT기술을 도입한 시추법' 연구와 관련한 교내 활동을 언급해 주었습니다. 교내 활동에서 자기주도적으로 노력한 모습과 전공과 연관된 학습 내용을 언급해 주면서 전공적합성을 강조하였습니다. 문단의 마지막에서는 창의적 시각에 대한 깨달음을 이야기하면서 결론을 맺었습니다. 두 문단이 '서론-본론-결론'의 구성을 대체로 잘 갖추었습니다. 또한, 교내 활동의 세부 묘사가 상세하게 그려져서 진정성을 보여 주었습니다. '해수의 수온과 염분의 연직분포'와 'IOT기술을 도입한 시추법', 그리고 '염분차 발전' 등의 전공 관련 방법에 관해 정확하고 구체적으로 기술함으로써 지원자의 전공에 대한 준비 과정이 잘 이루어졌음을 단적으로 증명해 주었습니다. 또한 용어와 과정은 자신의 유니크함을 보여주는 예로 적절하다 하겠습니다.

1. 학교생활 중 배려, 나눔, 협력, 갈등 관리 등을 실천한 사례를 들고, 그 과정을 통해 배우고 느낀 점을 기술해 주시기 바랍니다(띄어쓰기 포함 1,000자 이내).

기아체험은 사회적 문제에 대한 관심을 넓혔고, 편지번역봉사는 사회적 공헌의 출발점이 되었습니다.

1학년 때 '왜 세계의 절반은 굶주리는가?'를 읽고 세계의 식량은 현재 인구의 2배나 되는데 기아문제는 여전히 심각하다는 사실을 알았습니다. 식량의 불순환, 빈곤국 지배층의 횡포와 이기심 때문이었습니다. 지배층은 자신의 이익만 챙기고 약한 국민들을 괴롭히고 심지어는 살상한다는 사실에 분노가 일었고, 그들의 기아문제에 관심이 생겼습니다. 이를 계기로 그들의 심정을 조금이나마 이해하고 싶어서 3년 동안 기아체험에 조장으로 참여했습니다. 일주일에 3끼 정도만 먹는 그들의 실상에 비하면 8시간 동안의 기아체험은 미약하다고 생각했습니다. 이 때문에 체험을 하는 동안은 '배고프다'라는 말을 절대 하지 않기로 결심하였습니다. 조원들 모두 저의 뜻과 같을 것이라고 생각했지만 참여는 소극적이었습니다. 조별 포스터 제작 시간에도 방관적 태도를 보였습니다. '이대로는 안 되겠다' 생각하고 우선 친해지는 방안을 모색했습니다. 게임형식으로 자기소개를 하며 서로 친해졌고, 조원들은 자발적으로 의견을 제시했습니다. 이는 협력으로 이어져 결국 '우리가 남긴 음식물은 누군가에게는 눈물'이라는 기아포스터가 완성되었습니다. 이후 진행된 문맹체험·식수체험 등에서도 조원들의 진심을 담은 격려로 우승을 이끌어냈습니다. 체험 말미에는 기아문제의 심각성에 대해 조원들 모두 크게 각성하였고, 리더란 세심한 상황 파악으로 목표의 방향성을 제시하고 잘못된 분위기를 쇄신할 수 있는 조력자라는 것을 깨달았습니다.

이 경험은 월드비전 편지번역봉사로 이어졌습니다. 전 세계에서 따뜻한 마음을 서로 나누는 사람들을 위해 편지를 번역하면서 사랑과 온정을 전달해 주었습니다. 편지를 번역하면서 편지는 단지 문자적 의미를 갖는다는 것보다는 서로의 행복과 사랑이 서로의 마음속으로 스며드는 매개체라고 생각했습니다. 에너지 개발을 통한 사회적 매개체가 되어 전 세계의 사회적 문제 해결에 도움이 되는 인재가 되고 싶습니다.(998자)

[분석]

▶ 기아체험과 편지번역봉사라는 테마로 글의 핵심 소재를 두괄식으로 제시함으로써 읽는 이가 글의 전체적인 방향을 쉽게 알 수 있습니다.

본론의 첫 번째 문단은 기아체험, 두 번째 문단은 편지번역봉사로 서론에서 제시한 순서대로 문단을 잘 구분해 주었습니다.

글의 분량 배분은 기아체험이 다소 길지만, 기아체험에 보다 비중을 두었으리라 생각합니다. 각 문단의 말미에는 각각의 활동에서 배우고 느낀 점들을 잘 정리했습니다. 첫 문단에서는 리더로서의 역할을, 둘째 문단에서는 편지번역봉사와 에너지 개발을 연결함으로써 각 문단의 결론을 잘 맺었습니다.

위와 같이 서두에서 글의 전체적인 두 테마인 기아체험과 편지번역봉사를 제시하고, 서두에서 언급한 두 테마를 순서대로 두 문단으로 나누어 구성하였습니다. 두 문단은 각각 '서론-본론-결론'의 구성을 갖추면서 활동 내용과 과정, 그리고 배우고 느낀 점을 잘 기술해 주었습니다.

평범한 경험 속에서 비범한 시각을 지니는 태도가 좋은 자기소개서를 결정짓는 요소라고 생각합니다.

1. 고등학교 재학기간 중 학업에 기울인 노력과 학습 경험에 대해, 배우고 느낀 점을 중심으로 기술해 주시기 바랍니다(띄어쓰기 포함 1,000자 이내).

경제를 배우기 전에는 경제 관련 뉴스나 신문을 접할 때 그 용어나 내용들이 너무 어렵게만 느껴졌습니다. 경제는 그저 어른들만 관심을 갖는 분야라고 생각했습니다. 그런데 2학년 때 경제를 배우면서 선생님께서 다양한 사례와 연관 지어 경제용어들을 쉽게 설명을 해 주신 덕분에 어렵게 느껴지기만 했던 경제에 호기심이 생겼습니다. 매스미디어에서 경제와 관련된 뉴스를 볼 때마다 아는 용어가 나오면 수업시간에 배웠던 내용을 떠올리며 일상생활에서 경제현상을 찾아보려 노력하였습니다. 이런 과정에서 자연스럽게 경제에 대한 거부감은 사라졌고 관심이 배움의 즐거움으로 이어져 수업시간에 더욱 적극적으로 참여하게 되었습니다. 또한, 미래에 경영인이 되고자하는 목표가 있었기에 다른 급우들보다 더 관심을 기울여 공부하였고 이는 지필평가에서의 성적 향상과 교내 인문사회경시대회에서의 좋은 결과로 나타났습니다.

학업에 있어서 관심과 열정을 가지고 공부하는 것이 맹목적인 공부보다 더욱 효과적이라는 생각이 들었습니다. 수업시간에 집중하고 이해가 되지 않는 부분은 절대로 그냥 넘어가는 일 없이 수업 도중이나 수업 후에 꼭 질문하여 해답을 얻으려 하였습니다. 하지만 선생님께 설명을 들어도 혼자만의 힘으로는 이해하기 어려울 때가 종종 있었습니다. 그래서 생각해낸 것이 '협력학습'이었습니다. 함께 공부하는 친구들은 눈높이가 서로 비슷하여 그 부분을 왜 이해하기 힘들어하는지 다들 누구보다 잘 알기 때문에 선생님의 설명보다 친구의 설명이 쉽게 느껴지는 때도 간혹 있었습니다. 그래서 희망하는 친구들과 함께 전체적인 과목에서 부족한 것은 물어보고 자신 있는 부분은 서로 알려주며 공부하였습니다. 그 결과 저도 친구들도 성적이 향상되었고 덩달아 친구관계는 더욱 돈독해졌습니다.

정규 교과수업에만 치중하여 주입식 학습만 할 것이 아니라 관심과 열정을 가지고 친구들과 협력하면서 배우려 노력한다면 보다 즐겁게 학업에 임할 수 있을 뿐만 아니라 성취감도 높아진다는 것을 느꼈습니다.(976자)

[분석]

▶ 위의 글은 세 개의 문단으로 나누어져 있습니다. 첫 번째 문단에서는 경제 공부와 관련한 수업활동과 학업에서의 노력, 두 번째 문단에서는 협력학습, 세 번째 문단에서는 결론으로 느낌을 기술했습니다.

한 문단에 하나의 테마를 중심으로 일관된 기술을 하였고, 마지막에는 결론을 맺으며 교과수업을 보충하는 협력학습의 강조와 그것의 결과를 기술했습니다.

전체적으로 경제, 경제 용어 탐구, 경제현상 탐구, 경영인에 대한 진로 희망이 유기적이고 일관성 있게 스토리가 잘 연결이 되었고, 혼자가 아닌 협력학습으로 자신의 부족한 면을 채운다는 설정 자체가 좋았습니다. 그러한 학교생활과 수업에 대한 과정 중심의 구성이 좋다고 느껴졌습니다.

또한 세 번째 문단에서 앞의 두 문단에 대한 정리를 잘 해 주었다고 생각합니다.

2. **고등학교 재학기간 중 본인이 의미를 두고 노력했던 교내 활동을 배우고 느낀 점을 중심으로 3개 이내로 기술해 주시기 바랍니다. 단, 교외 활동 중 학교장의 허락을 받고 참여한 활동은 포함됩니다(띄어쓰기 포함 1,500자 이내).**

영어 멘토링 활동 참여와 교내학생논문대회 참가는 교학상장의 의미와 폭넓은 경제시각을 각인시켰습니다.

1학년 때 멘토링에 참가할 사람을 모집한다는 소식을 들었습니다. 누군가를 체계적으로 이끌어 주는 일을 한다는 것이 매력적으로 느껴져 멘토로 참여하게 되었습니다. 첫 멘토링을 하던 날 최대한 많은 것을 알려주고자 멘티의 학습역량은 고려하지 않은 채 학습진도를 빠르게 진행하였습니다. 그 결과 멘티는 수업을 따라오지 못했고 멘토링은 멘티에게 그저 지루한 활동으로 여겨졌습니다. 이때 많은 것을 가르쳐주겠다는 것은 저의 욕심에 불과하다는 것을 알게 되었고 많은 양을 가르쳐주기보다 적은 양이라도 멘티가 스스로 해결할 수 있도록 도와주는 것이 멘토의 역할이라는 것을 깨닫게 되었습니다. 이러한 깨달음을 바탕으로 멘티와 상의하면서 진도의 양과 암기할 단어의 개수, 학습시간을 계획하여 진행하였습니다. 어떻게 하면 멘티와 효율적으로 공부할 수 있을까 하는 고민 끝에 우선 기초개념을 가르쳐주는 것이 좋겠다고 생각하였습니다. 그래서 '영어영작부' 동아리에서 배웠던 기본어휘, 기본어법 등부터 차근차근 가르쳐주었습니다. 또한 질문한 내용을 설명해 주고 수업이 끝나기 10분전에는 멘토와 멘티의 역할을 바꾸어 배운 내용을 다시 설명하고 질의응답하는 식의 복습을 하였습니다. 그 결과 멘티는 조금씩 진도를 따라오기 시작하였고 성적도 향상되었습니다. 그뿐만 아니라 저 또한 반복학습 하는 시간을 가져 많은 도움이 되었습니다. 이러한 경험을 통해 멘토는 멘티가 내용을 이해하고 있는지를 유심히 관찰할 수 있는 통찰력과 멘티의 수준에 맞는 과제를 주고 관리하는 세심함, 끝까지 가르치려는 책임감 등을 지녀야 한다는 것을 깨닫게 되었습니다. 누군가를 가르치고 돕는다는 것이 결코 쉬운 일이 아니며 이러한 노력이 결국 제 자신에게도 발전의 기회가 될 수 있다는 것을 배우고 느꼈습니다.

나의 꿈에 한 걸음 더 다가서기 위해 어떤 경험을 쌓아보는 것이 좋을까 고민하던 중 교내학생논문대회를 개최한다는 소식을 들었습니다. 주제를 자유롭게 정할 수 있었기에 평소 경제수업을 하면서 궁금하게 여겼던 사람들의 소비에 관해 구체적으로 알아볼 수 있는 경험이 될 것이라는 생각에 참여하였습니다. 주제를 청소년의 소비생활로 정하고 이 주제에 관심이 있는 친구들을 모아 논문을 쓰기 위한 연구를 시작하였습니다. 연구과정 중 청소년의 소비생활 실태조사 단계가 있었는데 이를 통해 청소년들의 소비습관에는 모방소비, 과소비, 충동소비 등 문제점이 많이 있는 현재 청소년들의 소비성향을 파악해 볼 수 있었습니다. 이 문제점들을 해결할 수 있는 방안을 모색하는 과정에서 합리적인 소비를 위해서는 올바른 소비생활을 위한 체계적인 교육이 필요하며 경제활동을 폭넓게 바라보는 시각을 가져야 한다는 것을 배웠습니다.

논문을 쓰면서 청소년들의 소비에 대한 문제점을 바탕으로 저의 현재 소비습관은 어떠한지 점검해 보았고 더 나아가 제 꿈인 '착한 경영인'이 되기 위해서는 우선 '착한 소비자'가 되어야겠다고 느꼈습니다.(1489자)

[분석]

▶ 첫 문단에서 2번 답변의 두 가지 테마(중심 내용)를 영어 멘토링 활동 참여와 교내 학생논문대회 참가로 정확히 제시해 주었습니다. 또한 그것으로 인한 교육적 효과를 '교학상장'이라는 한자성어로 요약해 주면서 읽는 이가 전체적인 글의 흐름을 예측할 수 있도록 친절히 제시해 주었습니다.

두 번째 문단에서는 영어 멘토링 활동 참여에 관한 교내 활동과 그것을 통해 배우고 느낀 점들을 상세하게 기술하였습니다. 통찰력과 세심함, 그리고 책임감이라는 인성적 덕목을 기를 수 있다는 것에 교육적 의의가 있다는 것을 알 수 있습니다.

세 번째 문단에서는 교내 학생논문대회에 참가한 활동이 주를 이루었습니다. 1번에서 언급한 경제 수업 시간과 연관 지어 일관된 면모를 보여주었습니다. 논문의 주제인 청소년들의 소비 생활을 정확히 제시해 주면서 논문의 진정성을 높여 주었습니다. 논문을 준비하면서 청소년들의 소비 성향과 문제점들을 알게 되었고, 해결 방안 모색과 폭 넓은 경제활동에 대한 시각을 갖추게 된 점을 배우고 느낀 점으로 명시적으로 제시하였습니다.

마지막 문단에서는 자신의 진로 희망인 '착한 경영인'을 제시해 주었습니다. '착한 경영인'이라는 용어는 현대 시대에 바람직한 기업으로 추천되고 있는 '착한 기업'이라는 용어에서 차용한 것으로 보여 집니다. 현 시대에 통용되고 있는 바람직한 용어를 적절하게 사용했다고 보여집니다.

참고로 괜찮은 한자성어를 사용하고 싶은 분들을 위해 몇 개를 의미와 함께 적어 보겠습니다.

1. **교학상장(敎學相長)**: 가르침과 배움이 서로 진보시켜 준다는 뜻으로, 사람에게 가르쳐 주거나 스승에게 배우거나 모두 자신의 학업을 증진시킨다는 의미와 가르치는 일과 배우는 일이 서로 자신의 공부를 진보시킨다는 의미. 출전: 예기

2. **줄탁동시(啐啄同時)**: 닭이 알을 깔 때에 알속의 병아리가 껍질을 깨뜨리고 나오기 위하여 껍질 안에서 쪼는 것을 줄이라 하고 어미 닭이 밖에서 쪼아 깨뜨리는 것을 탁이라 함. 이 두 가지가 동시에 행하여지므로 사제지간이 될 연분이 서로 무르익음의 비유로 쓰임. '좨탁동시'라고 읽는 것이 중국 원음에 가깝고 바름. 출처: 한자성어 · 고사명언언구사전, 조기형, 이상억, 2011.2.15., 이담북스

3. **법고창신(法古創新)**: 옛것을 본받아 새로운 것을 창조한다는 뜻으로, 옛것에 토대를 두되 그것을 변화시킬 줄 알고 새 것을 만들어 가되 근본을 잃지 않아야 한다는 뜻. 출처: 네이버 한자사전

4. **온고지신(溫故知新)**: 옛것을 익히고 그것을 미루어서 새것을 앎. 다시 말하면, 옛 학문을 되풀이하여 연구하고, 현실을 처리할 수 있는 새로운 학문을 이해하여야 비로소 남의 스승이 될 자격이 있다는 뜻임. 출전: 논어의 위정편

5. **불치하문(不恥下問)**: (지위, 학식, 나이 따위가) 자기보다 아랫사람에게 묻는 것을 부끄럽게 여기지 아니함을 이르는 말. 출전: 논어의 공야장

6. **군자삼락(君子三樂)**: 군자의 세 가지 즐거움이라는 뜻으로, 첫째는 부모가 다 살아 계시고 형제가 무고한 것, 둘째는 하늘과 사람에게 부끄러워할 것이 없는 것, 셋째는 천하의 영재를 얻어서 교육하는 것. 출전: 맹자의 진심편

7. **청출어람(靑出於藍)**: 푸른색이 쪽에서 나왔으나 쪽보다 더 푸르다는 뜻으로, 제자가 스승보다 나은 것을 비유하는 말. 출전: 순자의 권학편

8. **형설지공(螢雪之功)**: 반딧불과 눈빛으로 이룬 공이라는 뜻으로, 가난을 이겨내며 반딧불과 눈빛으로 글을 읽어가며 고생 속에서 공부하여 이룬 공을 일컫는 말. 출전: 진서

9. **일취월장(日就月將)**: '날마다 달마다 성장하고 발전한다'는 뜻으로, 학업이 날이 가고 달이 갈수록 진보함을 이름. 출전: 시경

10. **독서삼도(讀書三到)**: 독서의 법은 구도, 안도, 심도에 있다고 함이니, 즉 입으로 다른 말을 아니 하고, 눈으로 딴 것을 보지 말고, 마음을 하나로 가다듬고 반복 숙독하면, 그 진의를 깨닫게 된다는 뜻. 출처: 네이버 한자사전

11. **영과후진(盈科後進)**: '물은 흐르다 웅덩이를 만나면 반드시 채우고 다시 흐른다'는 의미. 출전: 맹자

12. **맹모삼천(孟母三遷)**: 맹자의 어머니가 맹자를 제대로 교육하기 위하여 집을 세 번이나 옮겼다는 뜻으로, 교육에는 주위 환경이 중요하다는 가르침. 출전: 열녀전

13. **권토중래(捲土重來)**: '흙먼지를 날리며 다시 온다'는 뜻으로 한 번 실패에 굴하지 않고 몇 번이고 다시 일어남의 의미와 패한 자가 세력을 되찾아 다시 쳐들어옴이라는 의미가 있음. 출전: 두목의 제오강정

3. 학교생활 중 배려, 나눔, 협력, 갈등 관리 등을 실천한 사례를 들고, 그 과정을 통해 배우고 느낀 점을 기술해 주시기 바랍니다(띄어쓰기 포함 1,000자 이내).

우리 학교에는 숨소리 배움 교육을 수행하는 밭이 있습니다. 해마다 학생들이 그곳에서 직접 배추를 재배하고 수확해 가을에 김장을 담가 독거노인분들께 나눠주는 행사를 진행하고 있습니다. 저는 학급을 대표하여 김장김치 나눔 행사에 참여하였습니다. 평소 김장철이 되면 어머니와 할머니께서 함께 김치 담그시는 모습을 구경만 하던 제가 직접 김장을 담가서 독거노인 분들께 드린다니 정말 보람된 경험이라고 생각했습니다. 학부모회 어머님들께서 김치 만드는 법을 알려주시고 친구들과 각자의 할 일을 분담하였습니다. 하지만 여러 사람이 함께 김장을 한다는 것은 생각보다 그리 쉽지 않았습니다. 옹기종기 모여서 김장을 하다 보니 실수로 친구의 옷에 양념을 튀기거나 팔꿈치에 부딪혀 작은 갈등이 발생하기도 하였습니다. 이때 저는 그 친구들에게 '개인적 공간은 줄이고 작은 실수는 서로 이해해 주고 이왕이면 즐겁게 웃으면서 하자'며 다독이고 설득하여 무사히 김장을 마무리할 수 있었습니다.

김장이 모두 끝난 후 4명씩 조를 짜서 각자 4명의 노인 분들께 전달해 드렸습니다. 제가 전달해 드리러 간 곳은 할머니 한 분이 사람이 그리우셨는지 누군가 찾아온다는 기쁨에 저를 마중 나와 계셨습니다. 할머님 댁은 낮인데도 지하에 위치해 있어서 몹시 어두웠습니다. 안으로 들어갔을 때 할머님의 유일한 친구라는 강아지 두 마리가 반겨 주었습니다. 할머님께서는 연신 고맙다며 추운데 고생했다고 기다리면서 미리 쪄놓은 고구마를 챙겨주셨습니다. 따뜻한 고구마만큼 할머니에게서 느꼈던 정은 뜨거웠지만 왠지 제 마음 한쪽이 시렸습니다. 이 봉사활동이 특히 기억에 남았던 이유는 할머님을 통해 사회적 약자의 외로움을 느꼈기 때문입니다. 가족에게도 버려진 약자의 외로움, 그 외로움들을 달래줄 수 있는 것은 생물학적 가족만이 할 수 있는 것이 아니라는 것을 배웠습니다. 잠시지만 할머니께 마음의 가족이 되어줄 수 있었던 것에 감사했던 경험이었고, 이 경험을 잊지 않고 사회적 약자를 위해 나누는 삶을 지향해야겠다고 생각했습니다.(994자)

[분석]

▶ 글의 첫 부분(서론)에 '숨소리 배움 교육'이라는 학교 특색 사업 활동에 대해 언급해 주었습니다. 이러한 특별한 활동은 읽는 이로 하여금 호기심을 갖도록 만들어 줍니다. 입학사정관이라고 해서 모든 학교의 모든 활동을 알 수는 없습니다. 그러므로 학교에서 수행하는 특별한 교육 활동을 자기소개서에 언급해 주는 것은 좋은 방법의 일환입니다.

학교 활동으로 '김장 담구기'를 하면서 친구들과 작은 갈등도 무난히 넘기고 서로 협력하면서 다 담군 김장을 독거노인들에게 전달하는 과정을 상세히 서술하였습니다. 김장을 담구는 풍경과 독거노인분들의 삶에 대한 상세한 서술은 진정성을 보여줍니다. 그런 과정을 통해 가족애와 사회적 약자를 위한 삶의 각성은 커다란 교육적 성과(배우고 느낀 점)라고 할 수 있겠습니다.

4. **지원동기와 학업계획을 중심으로 자신의 향후 진로에 대해 기술해 주시기 바랍니다 (띄어쓰기 포함 1,000자 이내). – 아주대 4번, 개별 대학 질문**

영어교과 수업에서 개발도상국의 삶의 질을 향상시킨 디자인에 대해 배우던 중 Victor papanek이나 한국의 디자인팀 Unplug Design의 사례를 보면서 '어려운 사람들을 도우며 사회에 공헌하는 기업을 만들고 싶다'라는 생각을 하며 경영인이라는 목표를 가지게 되었습니다. 그래서 참된 경영인이라는 꿈을 이루기 위하여 학생의 기본인 학업에 최선을 다하고 경영 관련 서적들을 탐독하며 지속적인 지역아동센터에서 봉사활동을 하는 것으로 그 싹을 키웠습니다.

경영에 대한 관심으로 3학년 때 CEO담론이라는 자율동아리를 만들어 활동을 하였습니다. 이 동아리에서는 경제와 경영 관련 서적을 읽고 토론과 토의를 하여 결론을 만들어 내는 활동을 하였습니다. 이를 통해 경영인은 리더십, 통찰력, 윤리의식 등의 덕목을 지녀야 하며 검소함과 겸손함의 자세를 가져야 한다는 것을 배우게 되었습니다.

그리고 김성오 작가의 《육일약국 갑시다》라는 책을 읽고 참된 경영인의 자세를 배웠습니다. 하지만 이러한 것만으로는 전문경영인이 되기 어렵고 갖추어야 할 지식이 부족하기에 체계적인 준비를 하고자 경영학과에 지원을 하였습니다.

아주대학교 경영대학에 진학을 하게 된다면 경영대 교육목표에 따른 경영인으로서 가져야 할 인성과 수준 높은 지식을 습득하고, 파란학기제와 같은 도전적 프로그램을 통해 자기 주도적인 학습을 하며 전문경영인의 기반을 준비하려 합니다. 그리고 경영학전공을 위한 필수 요소인 회계, 마케팅, 재무, 인사조직, 생산운영관리 등 분야별 전문 수업을 찾아 꾸준히 학습하며, 토익사관학교와 파견프로그램을 통해 시험위주의 이론적 영어 실력을 글로벌경쟁시대에 맞는 어학능력으로 향상시키려 합니다. 또한, 해외교육봉사와 다양한 동아리활동 등을 통한 학습으로 국제경쟁력과 리더십을 갖추고 나눔의 미덕을 아는 경영인의 자세를 배우고 싶습니다.

사회에 진출하여 사람에게 최선을 다하고 베풀어 줄 수 있는 마음을 가진 참된 경영인이 되고자 하는 저의 꿈을 이루기 위하여 아주대학교에서 바탕을 만들고 싶습니다.(1,000자)

★ 이 학생은 아주대 경영학과에도 지원했습니다. 아주대의 4번 대학별 개별 문항에 대한 좋은 샘플이기에 올려보았습니다.

[분석]

▶ 글의 첫 문단에서 경영인이라는 진로희망과 학과 지원동기를 수업 내용의 한 예를 통해 언급해 주면서 진정성을 보여주었습니다.

두 번째 문단에서는 'CEO담론'이라는 자율동아리와 《육일약국 갑시다》라는 책을 통해 자신의 꿈을 향한 노력을 언급해 주면서 자신의 진로희망인 경영인이 되기 위한 일관된 노력을 기술하였습니다.

세 번째 문단에서는 아주대 경영학과 진학 후 자신의 진로희망 성취를 위한 학업계획을 구체적으로 전공 교과 내용을 언급하면서 잘 기술해 주었습니다.

마지막 문단에서 '사람에게 최선을 다하고 베풀어 줄 수 있는 마음을 가진 참된 경영인'이라는 자신의 진로 희망을 구체적으로 제시해 줌으로써 글의 일관성을 유지하면서 결론을 맺어주었습니다.

임팩트 있는 첫 구절은 없었지만, 글이 전체적으로 질문에 대한 적절한 대답을 하나하나 언급하면서 '서론-본론-결론'의 글의 구성을 잘 갖춘 것으로 판단됩니다.

세 번째 Sample - 2017 인천대 창의인재개발학과 합격

1. **고등학교 재학기간 중 학업에 기울인 노력과 학습경험에 대해 배우고 느낀 점을 중심으로 기술해 주시기 바랍니다(띄어쓰기 포함 1,000자 이내).**

스터디다이어리와 협력학습은 고등학교 시절 학업적 노력의 정수입니다.

공부 방법도 모르고 좋은 성적만 받고 싶은 욕심에 늘 앉아서 계획 없이 무작정 공부만 하였습니다. 이러한 공부는 시간을 낭비하고 학습내용들을 연계시키지 못하여 시험 후 공부한 내용을 잊어버리기 일쑤였습니다. 그래서 과목들의 연계학습을 위해 학습내용을 구조화하여 년, 월, 일, 시 단위로 세분화된 목표를 수립했습니다. 수정계획표를 사용하여 장점과 단점을 보완하려 노력했습니다. 낭비되는 가용시간이 있으면 자기개발서나 전공 관련 책을 읽었습니다. 특히 매일 학습일기를 적어 하루를 반성하는 시간을 가지고 개선하려 하였습니다. 또한 '평범한 사람에게는 소망이 있고 위대한 인물에게는 목표가 있다(워싱턴 어빙)'와 같은 다짐을 세움으로써 공부에 대한 끊임없는 동기부여를 하였습니다. 3년 동안 사용하여 공부내용을 시각화한 스터디다이어리는 계속해서 자신을 점검할 수 있도록 도와주고 지치지 않고 목표를 향해 달리게 해 주었습니다.

I&U학습유형검사를 통해 제가 사회성이 높고 사람들과 어울리기 좋아한다는 것을 알았습니다. 그래서 친구와 함께 협력학습을 계획했습니다. 아침 한 시간 일찍 등교하여 전날 수업내용을 일문일답을 통해 복습했습니다. 이른 등교는 힘들었지만 수업내용의 완벽이해라는 공동의 목표를 위해 영역을 나눠 요점정리를 하였습니다. 친구에게 중요 부분을 알려 주어야겠다는 생각에 수업내용 중 놓치는 부분이 없도록 노력하였습니다. 또한 힘들었던 공부 과정과 극복 방법도 공유하였습니다. 가장 큰 장점은 혼자 해결하기 어려웠던 문제를 다양한 관점으로 생각해 보며 흥미로운 공부를 할 수 있었다는 것입니다. 그렇게 함께 공부한 내용이 시험에 나오면 반가운 마음이 들며 시험에 대한 압박이 줄었습니다. 이 과정에서 서로를 이기기 위한 경쟁이 전부가 아니라는 것을 깨닫고 더불어 향상하고 성장하는 '시너지 효과'를 느낄 수 있었습니다. 또한 상대방이 이해할 수 있도록 쉽게 설명하며 협력적 문제해결력을 기를 수 있게 되었습니다.(1,000자)

[분석]

▶ 첫 문단에 '스터디다이어리와 협력학습'이라는 테마를 명시적으로 언급하면서 이 글의 주요 두 내용을 명확히 제시하고 있습니다.

이어지는 두 번째 문단에서 스터디다이어리를 활용한 학습방법을 상세히 기술했습니다. 그냥 기술이 아니라 자신만의 학습법을 명확하고 상세히 기록하여 읽는 이가 어떤 방법으로 공부를 했는지를 쉽게 이해할 수 있습니다. 읽는 사람의 입장을 고려하여 보다 쉽고 자세하게 과정을 기록한 것입니다. 이해는 공감을 이끌고 이는 호감으로 이어진다고 생각합니다.

마지막 문단에서는 협력학습을 자신의 학습유형검사를 근거로 제시하였습니다. 한 친구와의 협력학습의 과정을 자세히 그리고 있으며, 그것을 통한 교육적 효과 및 배우고 느낀 점을 명확히 제시하였습니다.

따로 정리하는 결론은 제시하지 않았습니다. 이미 문제에 대한 대답을 모두 했기 때문이라고 생각합니다. 이렇듯이 자신의 학업적 노력과 경험을 상세하게 그린다면 진정성을 갖추게 됩니다. 또한 자신만의 유니크한(독특한) 학습법을 기록함으로써 학업적 능력에 대한 믿음을 갖게 만듭니다. 여러분도 자신만의 유니크한 무언가를 한 번 찾아보세요.

2. 고등학교 재학기간 중 본인이 의미를 두고 노력했던 교내 활동을 배우고 느낀 점을 중심으로 3개 이내로 기술해 주시기 바랍니다. 단, 교외 활동 중 학교장의 허락을 받고 참여한 활동은 포함됩니다(띄어쓰기 포함 1,500자 이내).

3학년 초 멘토링(학습부진친구돕기) 신청 기간이 있었습니다. 멘토링이 공부할 시간을 뺏는 것이 아닐까 하는 생각에 지원할 수 없었지만 저만의 학습노하우를 나누고 싶어서 자원했습니다. 친구는 학교 수업에 흥미가 없었으며 수업시간에 잠을 자거나 핸드폰을 만지곤 했습니다. 그러한 멘티에게 학습동기를 부여하기 위해 진로와 목표점수를 정하게 하였습니다. 목표를 이룰 때까지 함께하겠다는 의사를 전달하여 포기하는 일이 없도록 했습니다. 정해진 양식이 없었기 때문에 멘티가 대화를 좋아하는 것을 알고 서로 질문하고 답하는 멘토링을 계획했습니다. 그러나 멘티가 수업 참여를 거부할 때가 있었습니다. 처음엔 수업을 쉬었으나 공부를 지속적으로 하지 않으면 끈기를 잃을 수 있다고 생각했습니다. 그럴 땐 자막 없는 미드를 보며 자주 나오거나 뜻이 궁금한 단어를 메모했습니다. 멘티에게 저의 공부법들을 알려주며 멘티에게 맞는 학습방법을 찾으려 노력했습니다. 계속해서 공부에 대한 열의를 갖게 하는 것은 많은 노력과 시간이 들었으나 저의 노력들이 멘티의 성적 향상과 태도 변화에 나타나는 것을 보며 나눔과 배려의 기쁨을 느낄 수 있었습니다. 멘티의 영어 성적은 1년 동안 40점 이상 상승했습니다. 누군가의 멘토가 될 수 있을까 하는 두려움이 다른 이를 향상시켰다는 것에 대한 보람으로 바뀌었습니다. 이타심을 가지고 시작한 멘토링은 멘티에게 모범을 보이기 위해 바른 수업태도를 길러주었으며 학습점검까지 할 수 있도록 도와주었습니다. 멘토링은 2~3학년 시기 멘티를 도우며 책임감과 리더십을 가질 수 있었던 소중한 경험이었습니다.

1학년 때 시사토론을 해 보고 싶어 신문탐구부에 지원하였습니다. 처음에는 활동형식도 없고 동아리 부원들의 참여도 또한 낮았습니다. 동아리를 운영을 돕고 싶어 신문탐구부 차장을 자원하였습니다. 활발한 토론을 위해서 부원들의 참여가 필요하다고 생각하여 매주 금요일마다 신문에서 관심 있는 주제를 가지고 와서 자신의 의견을 발표한 후 함께 토론하기로 약속하였습니다. 단지 신문만 읽던 시간은 부원들과 관심 있는 것에 대해 생각을 공유하는 시간으로 바뀌었습니다. 또한 말하길 부끄러워하는 소극적인 부원의 참여를 유도하기 위해 브레인라이팅을 사용했습니다. 이러한 방법은 각자 발표를 듣고 아래에 자신의 생각을 적어 서로의 의견을 공유하였습니다. 발표했던 주제 중 '현재 우리나라의 HRD 흐름'이 가장 기억에 남습니다. 국가혁신을 위해 열리는 '글로벌 공공 인적자원개발 컨퍼런스'에 대해 설명하였습니다. 이러한 활동을 통해 동아리는 한 명의 독주가 아니라 부원들의 참여가 운영하는 것임을 깨달았습니다. 각자의 단점과 장점은 서로에게 발전의 원동력이 될 수 있었습니다. 이러한 2년 동안의 경험을 바탕으로 3학년 때 '논술토론동아리'를 만들어 자율적으로 동아리를 운영하였습니다. 이 경험을 통해 조직은 조직의 일원들이 자발적으로 참여할 때 가장 효율적으로 운영된다는 사실을 깨달았습니다. 동기부여는 조직의 추진력을 향상시키는 것을 알게 되었고 제가 그러한 역할을 하는 사람이 되고 싶었습니다.(1,499자)

[분석]

▶ 위 글은 두 문단으로 구성되어 있습니다. 각 문단에서는 각각의 테마를 갖추고 있습니다. 첫 문단에서는 멘토링을, 둘째 문단에서는 신문탐구부를 언급해 주면서 각 문단의 주요 테마를 서두에 제시하면서 읽는 이에게 문단의 중심 소재가 무엇인지 정확히 제시했습니다.

첫 번째 문단에서는 멘토링 활동을 상세하게 그리면서 진정성을 느끼게 했습니다. 그 과정을 통해서 멘토와 멘티의 태도 변화와 교육적 효과를 성적 향상, 태도 변화, 책임감, 리더십 등의 명확한 용어를 사용하여 분명히 표현했습니다.

두 번째 문단에서는 신문탐구부 동아리 활동에 관해 기술했습니다. 동아리 활동을 주도적으로 이끌고 간 자신의 리더십 과정을 기술했습니다. 교내활동에 활발하게 참여하면서 토론에 대한 한 기법인 브레인라이팅을 언급해 주었습니다. 신선한 소재를 또 다시 제시함으로써 지원 학생에 대한 유니크함(독특하고 신선함)을 불러일으켰습니다. 그 과정 속에서 협력을 강조하였고 자신의 진로 희망인 HRD에 대해서 명시적으로 언급해 주었습니다. 문단의 말미에 2년 동안의 경험을 바탕으로 '논술토론동아리'를 만들어 내는 성취감을 보여주었습니다. 또한 동기부여에 의한 추진력 향상이라는 교육적 효과로 배우고 느낀 점을 기술해 주면서 마무리했습니다. 위 글은 두 문단이 각각 '서론-본론-결론'의 구성을 갖춘 예입니다. 이런 구조는 글이 안정성과 체계성을 갖추게 합니다. 각 문단에서 정리된 느낌으로 글을 접하게 됩니다. 이는 논리성으로 이어지고 간간이 자신만의 유니크한 경험을 기술해 줌으로써 신선함을 느끼게 합니다. 즉, 안정적 구조, 체계적 서술, 유니크한 경험 등이 지원자에 대한 호감을 느끼게 해 줍니다.

3. 학교생활 중 배려, 나눔, 협력, 갈등 관리 등을 실천한 사례를 들고, 그 과정을 통해 배우고 느낀 점을 기술해 주시기 바랍니다(띄어쓰기 포함 1,000자 이내).

3학년 학기 초 오목천동 지역아동센터에서 학습지도 및 멘토링 봉사 신청이 있었습니다. 3학년은 학생들 모두 성적 올리기에 급급해 있었기에 교육봉사 신청자는 극소수였습니다. 그러나 교육으로 지역사회에 기여해 보고 싶어서 자원하게 되었습니다. 교육봉사는 주 1회 1시간씩 평일 석식시간을 활용하여 지역아동센터에서 가정형편이 어려운 아동들에게 학습지도를 해 주거나 멘토링을 해 주는 활동이었습니다. 아이들은 공부에 대한 의지가 없었고 왜 공부해야 하는지조차 모르고 있었습니다. 아이들은 행동 방향을 예측할 수가 없어서 다루기가 어려웠습니다. 그래서 우선적으로 좋아하는 것에 대해 질문하며 스스로 꿈에 대해 생각해 보는 시간을 가졌습니다. 10년, 20년, 30년의 모습을 그리면서 자성예언을 연습을 할 수 있도록 도와주었습니다. 학습지도 시 문제 풀기 전 생각해 보는 시간을 주어 사고능력을 기를 수 있도록 지도했습니다. 개념 설명 후 문제풀이뿐만 아니라 지금 학습하는 부분이 앞으로 어떻게 활용되는지를 알려주었습니다. 아이들이 공부하기 싫어할 때에는 애니메이션 겨울왕국을 자막 없이 보여주었습니다. 처음엔 불평을 많이 하였으나 곧이어 흥미를 갖더니 계속해서 반복되는 단어들을 자연스럽게 숙지하며 영상에 빠졌습니다. 그리고 함께 노래를 불러보며 단어를 습득하였습니다. 이러한 활동을 하고 난 후 아이들은 저마다 풀이 방법과 이해 속도가 다르다는 것을 알게 되었습니다.

교육은 다양한 학습자들의 이해를 위해 그들의 속도에 발걸음을 맞추는 것이라는 생각이 들었습니다. 또한 아이들이 생각에 생각을 거듭하여 스스로 답을 찾는 것을 보며 교육의 보람을 느낄 수 있었습니다. 아이들이 스스로 변화하는 모습을 보고 누구나 내면에 잠재력과 발전 가능성이 있다는 것을 깨달았고, 여건만 주어진다면 충분히 능력을 갖추고 추구하는 것을 해낼 수 있는 힘을 가지고 있다는 것을 알게 되었습니다. 또한 이 경험을 계기로 우리 사회가 경제적 이유나 차별 때문에 주목받지 못하는 아이들에게 관심을 가져야 한다는 생각을 했습니다.(999자)

[분석]

▶ 글의 서두에서 오목천동 지역아동센터에서의 학습지도 및 멘토링 교육봉사활동이라는 것을 명시적으로 언급해 주면서 서론에서 두괄식의 형태의 글의 구조를 갖추어주었습니다.
지원자 본인이(누가) 3학년 학기 초(언제) 오목천동 지역아동센터에서(어디서) 교육봉사를(무엇을) 부족한 공부를 도와주기 위해서(왜) 아동을 대상으로 개념 설명 후 문제풀이를(어떻게) 하는 활동을 서술했습니다. 6하 원칙을 지키면서 자신의 활동을 분명히 언급해 줌으로써 내용의 진정성을 갖추었습니다.
멘토링 활동을 하면서 문제점이 무엇인지, 그것을 해결하기 위한 노력은 무엇인지, 그 활동 속에서 자신이 배우고 느낀 점은 무엇인지 명확히 언급되었습니다.
비록 한 문단이었지만 '서론-본론-결론'의 구조를 잘 갖추고, 배려, 나눔, 협력, 갈등 관리에 관해 과정 속에서 언급하면서 질문에 대한 명확한 답변을 하였고, 결론에서 배우고 느낀 점을 기술하였습니다. 잘 짜인 구조로 읽는 이가 편하게 전체적인 내용을 이해하도록 도와주었습니다.

4. 지원동기 및 대학입학 후 학업계획과 향후 진로계획(1,000자 이내).

고등학교 1학년 경기도 창조학교(후마니타스)에서 김명룡 멘토의 '나도 창의적인 사람이 될 수 있다.' 강의에서 모든 이가 성공하는 방법이 가장 인상 깊었습니다. 멘토는 달리기경주에서 10명 모두가 1등을 하는 방법을 물었습니다. 그 해답은 '각자 다른 목표 지점을 가지는 것'이었습니다. 각자의 목표를 향해 달려 나가는 과정에서 역량을 발휘할 수 있도록 도와주는 사람이 바로 HRD전문가라는 것을 알게 되었습니다. 이후 적성검사에서 저에게 사람을 리드할 수 있는 통솔력과 지도력이 있다는 것을 알았습니다. 이러한 성격을 살려 창의적 사고를 바탕으로 모든 사람을 성공으로 리드하는 HRD전문가가 되고 싶어 창의인재개발학과에 지원하게 되었습니다.

창의성과 의사소통 능력이 HRD전문가로서의 자질이라고 생각하여 입학 후 동아리 활동과 기업실습, 교환학생제도를 통해 능력을 쌓고 싶습니다. 1학년 창의과목으로 확장된 사고를 가진 후 2학기 현장교육 및 실습에 매년 참여할 것입니다. 우선 SAIT동아리에서 교육봉사와 토론을 통해 공감과 의사소통능력을 기를 것입니다. 2학년 때는 기업이해를 위해 기업 교육과 요구 등에 대해 배울 것입니다. 또한 IPP를 통해 HRD협회에서 기업연계실무능력을 기르며 이론으로 배운 것을 실현해 보고 싶습니다. 3학년 교환학생제도를 통해 캘리포니아주립대학에서 우리나라의 실정에 맞는 인간경영을 찾을 것입니다. 더불어 holistic education으로 단순 지식전수가 아닌 사람을 위한 교육을 할 것입니다. 졸업 후 'NCS기반 HRadmin양성과정'에 참여한 후 경영대학원에서 최고 경영자 과정을 밟을 것입니다. 이후 HRD대상을 수상한 KT에서 'i-campus'와 같은 교육솔루션을 만들고 싶습니다. 이후 한국의 HRD를 전 세계에 알리며 다른 나라가 우리나라의 인간경영방식을 배울 수 있도록 만들고 싶습니다. 대한민국이 천연자원이 부족한 나라라는 인식에서 벗어나 인력자원 부유국이 되도록 이론과 실무능력을 겸비한 대한민국 최고 여성 HRD전문가가 될 것입니다.(999자)

[분석]

▶ 이 학생의 진로희망은 인적자원개발전문가(HRD-Human Resorce Development) 입니다. 이 진로희망에 적합한 전공인 인천대학교 창의인재개발학과에 지원한 동기가 글의 첫 문단에 계기부터 잘 나타나있습니다.

두 번째 문단에서는 대학입학 후 자신의 학업계획과 진로계획을 자신이 지향하는 HRD 전문가의 자질을 시초로 전공 관련 용어를 명확히 사용하며 기술했습니다. 이러한 기술을 위해서는 대학교 홈페이지 학과 교육과정을 살펴보는 것을 추천합니다. 또한 진로 희망과 관련된 서적을 꾸준히 탐독하며 자신이 지향하는 바를 생각하고 기록해 두어야 합니다. 자신이 지원하고자 하는 전공에 준비성을 갖추고 있는가를 파악하는 단계이기에 이러한 선험적 과정들이 중요하다고 생각합니다.

각 문단에 두 가지 질문에 대한 정답을 나누어 기록하며 글의 구조를 갖추었습니다. 질문을 잘 읽고, 그 질문에 대한 명확한 답변을 잘 추구했다고 보여집니다.

네 번째 Sample - 2017 한양대 에리카 영미언어문화학과 합격

★ 한양대 에리카는 2017 대입에서 자기소개서가 없는 전형이었습니다. 하지만 이 학생이 지원한 영어 관련 학과의 자기소개서가 좋은 샘플이기에 올려봅니다.

1. 고등학교 재학기간 중 학업에 기울인 노력과 학습 경험에 대해, 배우고 느낀 점을 중심으로 기술해 주시기 바랍니다(띄어쓰기 포함 1,000자 이내).

겸손의 힘

'The boughs that bear most hang lowest.' 저는 영어를 학습하는 과정에서 이 속담의 의미를 진정으로 느끼게 되었습니다. 학창시절 동안 영어 과목에 있어서 자부심을 느끼며 살아왔습니다. 영어 공부를 하면서 이전에 몰랐던 단어나 문법을 배우는 것에 즐거움을 느꼈고, 향상되는 영어 실력에 성취감을 느끼곤 했습니다. 하지만 고등학교 진학 후 큰 벽을 만나게 되었습니다. 영어 과목에 투자하는 시간은 더 많아졌지만 성적은 계속 떨어져 가는 것이었습니다. 자존심에 큰 상처가 생겼고 점점 자괴감에 빠져들게 되었습니다. 그때 갈피를 잡지 못해 좌절하는 저에게 아버지께서 해 주신 말씀이 저의 뇌리에 꽂혔습니다. '지금 너의 영어 실력에 겸손하지 않고 영어의 기본기를 무시하고 있다.' 아버지의 말씀이 처음에는 상처였지만 시간이 지나면서 실력을 객관적으로 평가하고, 겸손하지 못했던 제 자신을 돌아보게 되었습니다. 고민과 연구 끝에 학습방법을 바꾸기로 결정했습니다. 자만하지 않고 기본부터 다지자는 것이었습니다. 이제껏 기본기라고 하면 '제일 쉬운 것'이라고 생각해 왔습니다. 겸손한 마음으로 기본 개념부터 찬찬히 여러 번 반복하여 학습하면서 어휘, 문장구조 그리고 어법들을 꼼꼼히 정리하였습니다. 특히 관계대명사, 관계부사, 완료시제 등의 어법지식을 따로 정리하고 예문들을 만들어 익혔습니다. 이런 연습을 통해 기본기란 제일 쉬운 것이 아니라 '가장 중요한 바탕'이라는 것을 깨닫게 되었습니다. 그 결과 3등급이었던 영어교과성적이 1등급으로 향상되었습니다. 더불어 3학년 1학기 영어 지필평가에서 전교생 중 최고 점수를 받는 쾌거를 이루었습니다. 영어에 열정을 쏟아 부어 문제점을 고치고 목표를 이룬 제 자신에게 뿌듯함을 느꼈고, '겸손함'이 사람에게 있어서 얼마나 중요한 것인지 알게 되었습니다.

겸손의 진리를 깨달은 후 학습방면뿐만 아니라 모든 생활태도에 있어서 겸손함을 잃지 않으려고 노력하고 있습니다.(970자)

[분석]

▶ 이 지원자는 '겸손의 힘'이라는 자신의 모토를 서두에 언급함으로써 자신만의 유니크함(독특함)을 표현하고 있습니다. 'The boughs that bear most hang lowest'라는 겸손에 관한 영어 속담을 사용하여 '벼는 익을수록 고개를 숙인다'라는 우리말을 말하고 싶어 했습니다. 영어 속담을 차용했다는 것은 영어 관련 전공을 지원하는 학생들의 전공에 대한 열망을 잘 나타낸다고 생각합니다.

세 번째 줄 '학창시절~'부터 자신의 학업에 기울인 노력과 학습 경험이 언급되고 있습니다. 고등학교에서의 영어에 대한 시련과 결국 겸손의 힘을 깨닫고 마음을 다잡고 자신이 3학년 1학기에 영어교과에서 최고의 성적을 받았다는 점을 부각시키면서 이 부분의 끝을 맺었습니다.

밑에서 다섯 번째 줄 '영어에~'부터 정리 및 결론 부분입니다. 자신이 겸손의 과정을 통해서 노력한 후 어떤 것을 배우고 느꼈는지를 잘 기록하고 있습니다.

문단을 셋으로 나누어서 기록하면 더욱 읽기가 쉬웠을 것이라고 생각합니다. 하지만 한 문단으로 기록하였다고 해도 위의 글은 '서론-본론-결론'의 구조를 잘 갖추었다고 생각합니다.

2. 고등학교 재학기간 중 본인이 의미를 두고 노력했던 교내 활동을 배우고 느낀 점을 중심으로 3개 이내로 기술해 주시기 바랍니다. 단, 교외 활동 중 학교장의 허락을 받고 참여한 활동은 포함됩니다(띄어쓰기 포함 1,500자 이내).

영어의 실용성을 찾다

학교 영어 수업을 들으면서 교과서에 나오는 지문들을 분석하고 이해하는 것도 중요하지만 스스로 자신의 생각을 말로 전하거나 글로 써보는 것이 중요하다고 생각했습니다. 나의 생각을 논문으로 써 보는 게 어떨까 하는 생각에 교내 영어 소논문대회에 참가하게 되었습니다. '우리나라의 사교육 실태'라는 주제로 논문을 처음 시작할 때는 사실 너무 막막했고 논문을 마칠 수 있을까 하는 의구심이 생기기도 했습니다. 하지만 평소 사교육의 실태, 문제점, 그리고 선진국의 교육시스템 등 많은 생각을 하고 있었기에 수월하게 생각을 풀어나갈 수 있었습니다. 교과서를 참고하여 헷갈리거나 몰랐던 문법과 어휘를 익힐 수 있었고, 속담 표현 등을 알아가면서 실용적인 영어를 쓸 수 있게 되었다는 것이 가장 뿌듯했습니다. 논문 쓰는 과정이 점점 재미있어졌고 만족스럽게 마칠 수 있었습니다. 자신감이 생긴 저는 직접 말로 표현해 보자 하는 욕심까지 생겨 영어토론대회에 참가하게 되었습니다. 토론대회는 '사교육의 필요성'이라는 주제로 반대 측에서 친구들과 의견을 모아 주장할 수 있는 좋은 기회가 되었습니다. 긴장이 많이 되었고 부족한 점도 많았지만 토론 과정이 즐거웠고 대회에 참가했다는 것만으로도 큰 동기부여가 되었습니다. 영어 소논문대회나 영어 토론대회는 저에게 매년 놀이터 같은 행사였습니다. 어휘와 어법을 외우는 교과 공부에 지칠 때면 대회 준비를 하며 즐거워하는 저를 발견했습니다. '내가 영어를 진짜 좋아하는구나. 즐기고 있구나' 하는 확신이 있었기에 더 좋은 성과를 낼 수 있었다고 생각합니다.

꿈을 향한 비행

저의 꿈은 항공기 객실 승무원입니다. 그러나 주위에는 승무원에 대한 편견을 가진 사람들이 많았습니다. 여학생이라면 한번쯤 꿈꾸는 직업이기 때문에 진정성이 부족하다는 지적도 받았고, 외적인 아름다움을 강요하며 단순 서비스를 제공한다는 발언을 들을 때도 있었습니다.

하지만 제 꿈의 진정성을 전달하고 싶었고 사람들이 가진 고정관념을 깨고 싶었기에 교내 꿈 발표대회에 참가해 전교생 앞에서 마이크를 들고 섰습니다. 저의 발표 순서는 전체에서 딱 중간이었습니다. 앞선 발표자들의 긴 발표 후 친구들이 집중하지 못하는 상황을 고려해 창의적인 콘셉트로 친구들의 이목을 끌기로 결정했습니다. 현직 승무원처럼 머리와 교복을 단정히 하고 스카프를 맨 채로 기내 방송하듯이 비행(발표)시간, 안전(경청)수칙 등을 설명하고 발표를 시작했습니다. 승무원이 하는 일, 거쳐야 할 과정, 그동안 해 왔던 노력들 그리고 저의 절실한 마음을 친구들과 선생님들 앞에서 발표했습니다. 발표가 끝나자 친구들은 모두 박수갈채를 보내주면서 저를 인정해 주었습니다. 대회 이후 승무원으로 꿈이 바뀌었다는 친구들이 저에게 와서 상담을 부탁하기도 했습니다. 승무원에 대한 고정관념을 깨고 좋은 인상을 심어준 것 같아서 뿌듯했습니다. 무엇보다 발표 준비를 하는 과정에서 승무원이 더욱 매력적이라는 것을 느꼈고, 저의 꿈에 대해 더 확고한 마음을 잡을 수 있었습니다.(1475자)

[분석]

▶ 이 지원자는 각 문단에 하나의 테마(중심 내용)를 제시함으로써 글의 서술을 시작했습니다. 일관성이 있다고 보여집니다.

첫 문단에서는 '영어의 실용성'을 찾아가는 과정을 그렸습니다. 영어 소논문대회나 영어 토론대회라는 교내 활동에 참가하여 그 과정 속에서 자신이 추구한 영어의 실용성에 관해 기술했습니다. 그러면서 그 속에서 배우고 느낀 점을 잊지 않고 기술했습니다.

둘째 문단에서는 '꿈을 향한 비행'이라는 테마로 '항공기 객실 승무원'이라는 진로 희망에 대한 자신의 가치관을 표현하였습니다. 교내 꿈 발표대회에 참가하여 자신의 꿈에 대한 확신과 자신을 갖게 되었다는 과정을 그리면서 신념을 더욱 확고히 하였습니다.

각 문단마다 '서론-본론-결론'의 구조를 잘 갖추었다고 보여집니다.

3. **학교생활 중 배려, 나눔, 협력, 갈등 관리 등을 실천한 사례를 들고, 그 과정을 통해 배우고 느낀 점을 기술해 주시기 바랍니다(띄어쓰기 포함 1,000자 이내).**

'나눔'을 통한 배움

아이들을 좋아하기 때문에 많은 아이들과 교감할 수 있고 나눔을 실천할 수 있는 봉사를 찾다가 지역아동센터 교육봉사를 신청했습니다. 가정형편이 어려운 초등학생들의 공부를 도와주는 봉사였습니다. 예상대로 아이들은 모두 사랑스러웠으며 저를 가장 잘 따랐고 애교가 많은 아이들 덕분에 봉사를 즐길 수 있었습니다. 그중 다른 아이들과 달리 사람들에게 공격적이었던 눈에 띄는 친구가 있었습니다. 그 친구에게 관심이 생겼고 가까워지기 위해 노력했습니다. 알고 보니 또래 친구들에게 따돌림을 받고 있었습니다. 사정을 알고 난 후 그 친구와 이야기를 많이 하였고 가장 많은 시간을 보냈습니다. 점점 밝아지는 모습을 보면서 뭉클하기도, 기쁘기도 했습니다. 이를 통해 단지 지식만 전달하기보다는 함께 소통할 수 있는 친구가 되어주는 것이 나눔 봉사로써 훨씬 더 가치 있다는 것을 배우게 되었습니다.

교육봉사는 8명이 한 조가 되는 시스템 아래 운영되었고, 조장은 아동센터와 학교의 상황을 정리하여 시간을 조율하는 역할을 수행했습니다. 하지만 두 입장을 조율하는 과정에서 전달이 잘못되는 경우가 빈번하게 있었고 조장과 저를 포함한 조원들 사이에 갈등이 자주 발생하였습니다. 그러던 어느 날 우연히 조장과 단둘이 이야기하게 되었습니다. 조장은 난처한 자신의 상황을 이해해 주지 못하는 친구들에게 서운했던 마음들을 털어놓았습니다. 저 또한 심하게 다툰 친구들 사이에서 상처를 받은 경험이 있었기에 그 친구의 상황에 공감했습니다. 저를 믿고 누구에게도 말 못할 상처를 말해 주었던 조장친구에게 고마웠습니다. 조 친구들에게 조장 친구가 힘들었던 이야기들을 해 주었고 친구들도 모두 조장과 화해할 수 있게 되었습니다. 친구의 이야기를 들을 때 동정보단 공감을 선택했습니다. 공감은 사람을 편하고 의지할 수 있도록 한다는 것을 느꼈습니다. 어떤 조언이나 충고, 동정보다 더 힘이 되는 것은 공감이라는 것을 배웠고 공감능력을 향상시키기 위해 역지사지(易地思之)의 태도를 함양하려 노력하고 있습니다.(999자)

[분석]

▶ 이 문제는 '나눔을 통한 배움'이라는 인상적인 모토로 자신의 경험을 기술하였습니다. 이어지는 첫 문단에서는 '지역아동센터 교육봉사'라는 테마로 나눔을 통한 봉사의 가치를 깨달았습니다. 봉사활동 과정을 상세하게 잘 그렸고, 그 안에서 한 아이의 따돌림 현상을 다룸으로써 글의 진정성을 더했습니다.

이어서 그 봉사활동 내에서 봉사하는 학생들 간에 협력과 갈등관리를 그리고 있습니다. 앞 문단에서의 활동의 연장선이라는 점에서 흥미를 더해 줍니다. 공감하는 자세와 역지사지의 태도를 배우고 느낀 점은 좋은 마무리라고 생각합니다.

'성공자의 말에 귀를 기울이자. 어두운 밤을 비추는 등불이다'라는 말을 다시 한 번 상기해 보세요. 자신의 자기소개서가 아무리 뛰어나다고 생각할지라도 성공자의 글을 참조하여 자신의 단점을 보완해 나간다면 더욱 훌륭한 자기소개서가 되리라 생각합니다.

★ 대교협 홈페이지에 등재된 자기소개서 공통양식을 다시 한 번 확인하고 성공자의 말을 상기하며 자신의 자기소개서의 부족한 점을 수정해 가면서 다시 작성해 봅시다.

〈자기소개서 공통양식〉

〈작성 시 유의 사항〉

1. 자기소개서는 지원자 본인이 작성하여야 하고, 사실에 입각하여 정직하게 지원자 자신의 능력이나 특성, 경험 등을 기술하여야 합니다.
2. 자기소개서에 기술된 사항에 대한 사실 확인을 요청할 경우 지원자는 적극 협조하여야 합니다.
3. 제출된 자기소개서는 표절, 대리 작성, 허위사실 기재, 기타 부정한 사실 등의 검증을 위해 유사도 검색을 실시하고, 해당 사실이 발견될 경우 불합격 처리되며 합격 이후라도 입학이 취소될 수 있습니다.
4. **자기소개서에 다음 사항을 기재할 경우 서류 평가에서 "0점"(또는 불합격) 처리됩니다.**

   1) **공인어학성적**

영어(TOEIC, TOEFL, TEPS), 중국어(HSK), 일본어(JPT, JLPT), 프랑스어(DELF, DALF),독일어(ZD, TESTDAF, DSH, DSD), 러시아어(TORFL), 스페인어(DELE), 상공회의소한자시험, 한자능력검정, 실용한자, 한자급수자격검정, YBM 상무한검, 한자급수인증시험, 한자자격검정

   2) **수학 · 과학 · 외국어 교과에 대한 교외 수상실적**

수학	한국수학올림피아드(KMO), 한국수학인증시험(KMC), 온라인 창의수학 경시대회, 도시대항 국제 수학토너먼트
과학	한국물리올림피아드(KPHO), 한국화학올림피아드(KCHO), 한국생물올림피아드(KBO), 한국천문올림피아드(KAO), 한국지구과학올림피아드(KESO), 한국뇌과학올림피아드, 전국정보과학올림피아드, 국제물리올림피아드, 국제지구과학올림피아드, 국제수학올림피아드, 국제생물올림피아드, 국제천문올림피아드, 한국중등과학올림피아드
외국어	전국 초중고 외국어(영어, 중국어, 일본어, 프랑스어, 독일어, 러시아어, 스페인어) 경시대회, IET 국제영어대회, IEWC 국제영어글쓰기대회, 글로벌 리더십 영어 경연대회, SIFEC 전국영어말하기대회, 국제영어논술대회

   * 위에서 열거된 항목 외에도, **대회 명칭에 수학 · 과학(물리, 화학, 생물, 지구과학, 천문) · 외국어(영어 등) 교과명이 명시**된 학교 외 각종 대회(경시대회, 올림피아드 등) 수상실적을 작성했을 경우 **"0점"(또는 불합격)** 처리

   ** '교외 수상실적'이란 학교 외 기관이 개최한 대회 수상실적을 의미하며, **학교장의 참가 허락을 받은 교외 수상실적이라도 작성시 "0점"(또는 불합격) 처리**

5. 학생부 위주 전형의 자기소개서는 공교육 내에서 이루어진 활동을 작성하는 취지이므로, 위에서 제시되지 않은 항목이라도 사교육 유발요인이 큰 교외 활동(해외 어학 연수 등)을 작성했을 경우, 해당 내용을 평가에 반영하지 않습니다.

   ⇒ 본인은 자기소개서 작성에 관한 유의 사항을 숙지했으며, 유의 사항 위반에 따른 조치에 대해서는 이의를 제기하지 않겠습니다. (동의 : □)

1. 고등학교 재학기간 중 학업에 기울인 노력과 학습 경험에 대해, 배우고 느낀 점을 중심으로 기술해 주시기 바랍니다(1,000자 이내).

2. 고등학교 재학기간 중 본인이 의미를 두고 노력했던 교내 활동을 배우고 느낀 점을 중심으로 3개 이내로 기술해 주시기 바랍니다. 단, 교외 활동 중 학교장의 허락을 받고 참여한 활동은 포함됩니다(1,500자 이내).

★ 위의 유의사항을 숙지하시고, 다음에서 자기소개서를 마무리해 보세요

3. 학교생활 중 배려, 나눔, 협력, 갈등 관리 등을 실천한 사례를 들고, 그 과정을 통해 배우고 느낀 점을 기술해 주시기 바랍니다(1,000자 이내).

점검하기

− 각 문항을 적절하게 기술했는지 점검하기−

　'6일차: 문장력 기르기'에서 문장을 매끄럽게 잘 다듬고, '7일차: 성공자의 말에 귀를 기울이자'에서 대학 진학에 성공한 샘플을 참조했습니다. 8일차에서는 지금까지의 성과를 점검해 보는 시간입니다. 점검은 마무리하는 단계이므로 다음과 같은 방법들을 참고하여 유종의 미를 거두었으면 좋겠습니다.

　각 문항을 다시 읽고 질문의 의미를 잘 이해했는지 점검해 봅니다. 혹시 내가 읽은 의미와 출제자가 질문한 의미가 다르지 않은지 확인합니다. 만약 문항의 의미를 잘못 파악했다면 답안을 신속하게 수정해야 합니다. '늦었다고 생각할 때가 가장 빠른 때이다'라고 했습니다. 늦었다고 생각하면 바로 수정 작업에 돌입하는 것이 최선입니다.

　그럼, 문항을 다시 한 번 확인해 볼까요?

1. 고등학교 재학기간 중 학업에 기울인 노력과 학습 경험에 대해, 배우고 느낀 점을 중심으로 기술해 주시기 바랍니다(1,000자 이내).

2. 고등학교 재학기간 중 본인이 의미를 두고 노력했던 교내 활동을 배우고 느낀 점을 중심으로 3개 이내로 기술해 주시기 바랍니다. 단, 교외 활동 중 학교장의 허락을 받고 참여한 활동은 포함됩니다(1,500자 이내).

3. 학교생활 중 배려, 나눔, 협력, 갈등 관리 등을 실천한 사례를 들고, 그 과정을 통해 배우고 느낀 점을 기술해 주시기 바랍니다(1,000자 이내).

위의 질문을 확인하고 2단계에서 답변을 점검합니다.

각 문항을 제대로 이해했다면, 자신의 답변을 확인해야 합니다. 자신이 쓴 자기소개서를 읽고 또 읽고, 수도 없이 읽어서 답변을 확인합니다. 무엇을 어떻게 확인해야 할지 막막할 수 있습니다. 이를 위해서 몇 가지 확인 항목을 적어봅니다.

① 글의 구성 확인하기

글을 작성할 때, 구성방식을 두괄식 문단으로 구성하였는지, 문단 나누기를 잘했는지를 확인합니다. 또한, '서론-본론-결론'의 구성을 정했다면, 글의 구성이 잘 되었는지 확인합니다. 서론에서 글의 중심 내용(주제)을 명확히 기술했는지, 글의 중심 내용이 두 가지 경험이라면 본론에서 순서대로 문단을 나누어 언급했는지, 마지막으로 결론에서 자신이 이야기하고자 하는 중심 내용을 적절히 요약하고 강조했는지를 점검합니다.

글은 내용도 중요하지만, 형식을 제대로 갖추어야 합니다. 뚜렷한 형식 속에 분명한 의미의 전달이 있을 것이라고 믿습니다. 형식을 제대로 갖추었는지 반드시 확인해서 읽는 이가 쉽게 읽을 수 있도록 글의 구성을 매끄럽게 해 주세요.

② 답변 내용 점검하기

글의 구성이 제대로 갖추어져 있다면, 각 문항에 대한 답변을 점검해야 합니다. 다음 체크리스트에 대한 답변을 해 보세요. 점검이 될 것입니다.

번호	점검할 내용	Yes	No
1	질문에 대한 정확한 답변을 했나요?		
2	고등학교 생활에서 한 활동이 맞나요?		
3	교내활동이 맞나요?		
4	6하 원칙을 지켰나요?		
5	정확한 용어를 사용하였나요?		
6	학업 역량과 전공 적합성이 들어있나요?		
7	구체성을 갖추고 있나요?		
8	진정성이 있나요?		
9	불필요한 '저'를 삭제했나요?		
10	불필요한 '접속사나 연결어'를 삭제했나요?		
11	불필요한 미사여구를 삭제했나요?		
12	자신의 이야기가 맞나요?		

체크리스트를 점검하고 No라고 대답한 부분은 다시 확인해 보세요.

체크리스트의 항목 이외에도 더 많이 점검해야 할 내용이 있을 것입니다. 생각날 때마다 메모하고 기록해서 더욱 완벽한 자기소개서를 만들어 나가세요. 꾸준히 노력하면 더 좋은 결과가 있을 것입니다. Practice makes perfect. 연습이 완벽함을 만듭니다.

③ 글자 수 점검하기

글자 수는 각 문항마다 다릅니다. 첫째 1,000자, 둘째 1,500자, 셋째 1,000자입니다. 정확히 확인해야 합니다. 1,500자인 줄 모르고, 1,000자만 기록한다면, 결과는 좋지 않을 것입니다.

글자 수가 초과하면 자판의 글자를 눌러도 입력이 되지 않습니다. 모니터를 보지 않고 아무리 열심히 타이핑해도 제자리만 맴돌 뿐입니다. 모니터를 확인하면서 타이핑해야 합니다.

글자 수를 조절해야 합니다. 불필요한 '저'라는 단어를 삭제하고, 문맥을 해치지 않는 범위에서 접속사나 연결어를 삭제하고, 지나친 미사여구를 삭제해야 합니다. enter나 space 바를 누를 필요가 없을 때에는 누르지 않습니다. 글자 수 하나를 아낄 수 있습니다.

길게 서술되어 있는 부분을 집약적 표현으로 고쳐보세요. 좀 더 깔끔한 글의 내용이 이루어집니다. 예를 들어,

단어를 유의미하게 사용하고, 적절한 표현을 사용해서, 읽는 이로 하여금 글을 이해하는 데 도움을 주었습니다.

라는 문장을,

유의미한 단어와 적절한 표현을 사용하여 읽는 이가 글을 쉽게 이해했다.

라고 짧게 서술하면 내용은 변하지 않으면서 글자 수는 줄어들고 글은 보다 깔끔해집니다.

,(comma=콤마=쉼표)를 가능하면 쓰지 않습니다. 꼭 필요한 경우를 제외하고는 콤마를 쓰지 않는 것이 좋습니다. 쉬지 않아도 될 부분에서 콤마를 쓰면 글자 수 1을 잡아먹습니다.

온라인으로 자기소개서를 입력하지 않는 경우에는 꼭 글자 수를 확인하고 붙여넣기를 합니다. 만약 글자 수가 초과된 사실을 모르고 붙여넣기를 했다면, 뒷부분이 잘려 나가는 낭패를 경험하게 됩니다. 저의 경우에는 '사람인 글자 수 세기'(http://www.saramin.co.kr/zf_user/tools/character-counter)를 이용하고 있습니다. 공백 포함, 공백 제외 모두 나오고, 맞춤법 검사기가 있어서 오타와 글자 수를 동시에 점검할 수 있습니다.

이 책의 앞부분에서 언급했지만, 적절한 글자 수는 최대에서 약 50자 정도를 뺀 수라고 생각합니다. 최대 1,000자는 950~1,000자, 최대 1,500자는 1,450~1,500자 정도는 기입해야지 성의가 있다고 하겠죠? 물론, 내용만 알차다면 그 정도까지는 아닐 수 있다고 생각합니다. 하지만 학생들에게 지도할 때에는 그 정도의 글자 수를 채우도록 권유합니다.

④ 유사도 검증하기

한국대학교육협의회에 따르면 2011년부터 표절검증을 하고 있다고 합니다. 즉, 2011년부터의 대입 자소서 자료를 가지고 그것에 따른 유사도 검증을 진행하는 것입니다.

표절 의심(유사도 5%~30% 미만)이나 위험(유사도 30% 이상) 판정을 받은 수험생 명단을 각 대학에 통보하고 대학별 규정에 따라 대학 입학전형에 그 결과를 반영하고 있다고 합니다.

표절이 의심되거나 위험한 사람은 1단계 전형에서 불리한 결과를 감수해야 합니다. 합격이 힘들다는 이야기입니다.

이렇게 중대한 사안임에도 불구하고 대필을 해 주는 곳이 너무나도 많습니다. 대가는 수백만 원을 호가한다고 합니다. 그렇게 많은 돈을 들여서 대신 작성했는데 표절 판정을 받는다면 더욱 억울하겠죠?

처음에 진정성을 언급했습니다. 자신의 이야기를 직접 작성할 것을 권유합니다. 진부한 표현의 중복 차용도 가급적 하지 않는 것이 좋겠습니다. 5% 유사도가 나온다는 이야기는 1,000자 기준으로 50자 정도가 비슷하다는 이야기입니다. 과연 얼마나 될까요?

'지성이면 감천이다'라고 했습니다. 노력은 결코 배신하지 않습니다. 아침에 남들보다 일찍 일어나서 일찍 등교했습니다.

위의 세 줄이 66자입니다. '지성이면 감천이다. 노력은 결코 배신하지 않습니다.' 이런 표현을 한꺼번에 여러 번 쓰면 내용의 충실도도 떨어지고, 유사도 검증에 걸릴 가능성이 높습니다. 신선하고 참신한 표현, 자신만이 사용할 수 있는 표현을 써야 합니다. 그리고 절대 이 책에서 사용한 내용을 그대로 쓰지 않기를 당부합니다.

⑤ 오타 수정하기

기가 막히게 쓴 글인데, 오타가 나오면 '다 된 밥에 재 뿌리는 격'입니다. 마지막에 꼭 사람인 사이트와 같은 **맞춤법 검사기**로 검사를 해야 합니다.

작은 오타는 문제가 없을지도 모르지만 결정적 오타는 의미의 심각한 오류를 만들어 냅니다. 읽고 또 읽고 다시 또 읽는 전략으로 오타를 최소화합시다.

오타를 최소화하는 방법 중 문장을 단문으로 쓰는 연습이 좋습니다. 문장이 간결하면 이해가 쉽고 수정도 쉽습니다. 일석이조인 셈이죠.

어려운 용어는 반드시 사전을 찾아 검색해 봅니다. 용어의 불명확한 사용은 이해를 어렵게 만듭니다.

일상용어로 대충 쓰지 않도록 합니다. 표준어가 예전에 비해 달라진 것들도 있으니 꼭 유의해야 합니다.

외국어는 가능하면 사용을 자제하고 우리말로 고쳐 쓰는 것이 좋겠습니다. 올바른 한글 사용을 권장합니다.

옛날에 독서 논술 지도 교육을 받을 때, '~적'이라는 표현보다는 '~의'라는 표현이 올바른 표현이라고 배웠습니다. 가능하면 이렇게 고쳐 쓰는 것이 좋겠습니다.

⑥ 퇴고하기

자기소개서 쓰기 과정을 모두 마쳤다면, 마지막에 반드시 퇴고의 과정을 거쳐야 합니다. 여기에서 퇴고란 자기소개서의 내용을 검토하고 적절한지를 검토하는 일입니다. 위의 모든 점검 과정을 거친다면 퇴고는 자연스럽게 됩니다.

읽고 또 읽고, 수정하고 또 수정하고, 알찬 내용만 남겨 두고, 알맞은 형식과 간결한 내용으로 고치면 퇴고의 과정은 무난하리라 생각합니다.

자기소개서를 작성하는 일은 매우 고되고 힘든 일입니다. 그것을 점검하는 일은 더욱 힘든 일입니다. 그러나 이 모든 과정이 반드시 필요한 과정입니다. 위에서 제시된 점검 방법들을 확인한 후, 자신의 자기소개서를 꼼꼼히 살펴보고 잘못된 것을 수정하여 자신이 보다 만족할 수 있는 자기소개서를 완성해 봅시다.

이렇게 어렵고 고된 과정을 거쳐서 자기소개서가 완성되었다면 다음에는 어떤 과정이 있을까요? 바로 '피드백 구하기'입니다. 주변 사람들의 피드백을 통해서 자기소개서를 더욱 완벽하게 만들어 볼까요?

피드백 구하기

- 주변 선생님이나 부모님 그리고 친구들에게서 피드백을 구하기-

'8일차: 점검하기'에서 문항과 답변 내용을 모두 점검하였습니까? 다음 단계는 자신의 자기소개서를 경험 있는 선생님과 부모님께 보여드리고 피드백을 구하고, 친구들과는 피드백을 주고받는 일입니다. 너무 쑥스러워하거나 개인 인권 침해라고 생각된다면 혼자서 하세요. 하지만 그것에 대한 모든 결과는 고스란히 자신의 몫으로 남게 됩니다.

이렇게 되면 너무 두렵지 않으십니까? 맞습니다. 혼자서 감당하기에는 자기소개서라는 관문은 너무나도 두려운 것입니다. 대학 입시에서 가장 중요한 일 중 하나이기 때문에 더욱 그렇습니다. 이 두려움을 극복하기 위한 결정적 방법이 바로 '주변으로부터 피드백 구하기'입니다.

1. 부모님으로부터 피드백 구하기

부모님께서는 자신과 가장 가까운 분들입니다. 자신의 이야기를 누구보다도 관심을 가지고 봐주실 것입니다. 허심탄회하게 자신을 보이고 부모님과 자기소개서에 관해 상의해 보세요. 놀라운 조언을 해 주실 겁니다. 세월이 주는 지혜는 무시하지 못하는 것이거든요.

자기소개서에 전문적인 교과 내용이 들어갈 수 있습니다. 교과 수업활동에서 깊은 인상을 받은 스토리를 내용으로 쓸 수 있기 때문에 충분히 전문적인 내용이 들어갑니다. 수업 활동 중 중요한 용어가 생각이 나지 않을 경우에는 교과서를 다시 보는 것이 좋은 방법입니다. 하지만 그래도 잘 모를 경우에는 담당 교과 선생님께 얼른 여쭤 보세요. 충분히 도움을 받을 수 있을 것입니다.

자기소개서를 작성하는 중이나 완성된 후, 자신이 가장 믿고 따르는 선생님께 조언을 구해 보세요. 어떤 선생님이라도 학생이 도움을 구할 때에는 돌아보게 마련입니다. 자신이 믿고 따르는 데는 그만한 이유가 있겠죠? 인성이 좋으시거나, 실력이 좋으시거나 아니면 본받을 점이 많아서거나 분명 이유가 있을 것입니다. 그런 선생님한테 자기소개서에 관해 도움을 구한다면 언제든지 좋은 조언을 해 주시리라 믿습니다.

주의할 점은 선생님께서 해 주신 조언을 다시 한 번 생각해 봐야 한다는 것입니다. 무조건 받아들이기보다는 자신의 머릿속에서 생각을 하고 사고에 대한 통찰력을 가지고 피드백을 다시 판단해야 합니다. 맹목적적 복종은 자신의 개성을 말살하는 행위이기 때문에 자신의 언어로 반드시 이해하며 고쳐 써야 합니다.

마지막 조언자는 바로 가장 친한 친구들입니다. 자기소개서를 작성 한 학생들끼리 스터디 그룹을 결성하는 것입니다. '혼자서는 결코 성공할 수 없다'라는 말이 있듯이 자신이 혼자서 해결하지 못하는 부분은 친구들과 토론을 합니다. 토론을 거치다 보면 생각나지 않았던 부분이 문득 생각날 수 있습니다. 단, 친구의 자기소개서를 그대로 베끼지 않는다는 전제하에서 피드백을 교환해야 합니다. 표절은 표절한 사람이나 표절당한 사람이나 모두 불합격으로 이어질 수 있습니다. 절대 다른 사람의 이야기와 문구를 그대로 쓰면 안 됩니다.

친구들과 자기소개서 항목에 대한 의견을 교환해 보세요. 또한 협력학습 등을 1, 2학년 때부터 같이했던 친구들과는 협력학습 등의 과정을 다시 한 번 이야기해 보세요. 자신이 놓쳤던 부분이 다시 생각날 수도 있습니다.

글쓰기를 잘 하는 친구에게 조언을 구해 보세요. 그 친구가 바쁘다면 할 수 없지만, 그렇지 않다면 꼭 도움을 제공받으리라 생각합니다. '성공한 자의 말에 귀를 기울여라'라는 말이 있듯이 귀감이 되는 자의 말을 듣다보면 자신이 놓친 부분을 깨달을 수도 있습니다. 꼭 조언을 구해 보세요.

4. 책에서 피드백 구하기

꾸준히 책을 읽어왔다면 문장력이 좋을 수 있습니다. 하지만 갑자기 책을 읽어야 한다고 생각한다면 강압으로 다가와 읽히지 않을 수도 있습니다. 중요한 표현, 적절한 표현, 명확한 표현 등에 대한 어구를 쓸 경우에는 책에서 정확한 용어를 차용해야 합니다. 물론, 그대로 글을 베끼면 안 됩니다. 바로 표절이 됩니다. 참조는 하되 그대로 쓰면 안 된다는 것이죠. 이것만 잘 지키면 책으로부터 전문지식과 글쓴이의 현명한 지혜를 자신의 자기소개서에 녹여낼 수 있도록 피드백을 받을 수 있습니다.

부모님, 선생님, 친구들에게서 피드백을 구하셨나요? 책으로부터도 피드백을 구하셨죠? 그렇다면 자신이 지금까지 작성한 자기소개서를 피드백에 근거해서 수정해 보세요. 무조건 수정하지 말고 자신이 올바르다고 생각하는 부분은 남겨두기 바랍니다.

피드백을 받은 부분 중 자신이 필요한 부분만 받아들이면 되겠습니다. 또한 피드백은 주고받는 과정 속에서 표절의 빌미를 제공할 수도 있습니다. 그러므로 자신이 신뢰하는 몇몇에게만 자신의 글을 보여주어야 합니다. 물에 빠진 사람 지푸라기 잡는 심정으로 아무나 피드백을 구하면 안 될 것 같습니다. 자기주도성을 갖춘 인간이 보다 자주적인 인간이 됩니다. 스스로 문제를 해결하되 꼭 필요한 경우에만 피드백을 받기를 추천합니다.

수정한 자기소개서를 다음에 깨끗하게 다시 한 번 써 보세요. 자신의 글을 대하는 마음가짐이 달라질 것입니다.

1. 고등학교 재학기간 중 학업에 기울인 노력과 학습 경험에 대해, 배우고 느낀 점을 중심으로 기술해 주시기 바랍니다(1,000자 이내).

2. 고등학교 재학기간 중 본인이 의미를 두고 노력했던 교내 활동을 배우고 느낀 점을 중심으로 3개 이내로 기술해 주시기 바랍니다. 단, 교외 활동 중 학교장의 허락을 받고 참여한 활동은 포함됩니다(1,500자 이내).

3. 학교생활 중 배려, 나눔, 협력, 갈등 관리 등을 실천한 사례를 들고, 그 과정을 통해 배우고 느낀 점을 기술해 주시기 바랍니다(1,000자 이내).

이제 9일차가 마무리 되었습니다. 이제 사실상 마지막 단계인 '**10일차: 자기소개서 제출하기**'만 남았습니다. Here we go~

자기소개서 제출하기

-마무리하고 제출하기-

　자기소개서를 마무리하기 위해서는 다음과 같은 몇 가지 원칙을 지키는 것이 좋습니다.

1. 반드시 자신이 직접 마무리할 것!

　마무리는 반드시 자신이 직접 자신의 언어로 해야 합니다. 그것이 바로 자신에 대한 신뢰이고 자신감이죠. 자신감은 미래에 자신이 이 세상을 헤쳐 나아갈 원동력입니다. 반드시 마무리는 자신이 직접 하는 것이 좋겠습니다.

2. 자신의 이야기이므로 자신의 용어로 쓸 것

　자기소개서는 바로 자신의 이야기입니다. 다른 누군가에게서 현명한 피드백을 받았다 할지라도 자신이 쓰고 싶지 않다면 피드백을 배제하고 자신이 쓰고 싶은 것을 써야 합니다. 현자의 말은 존중하되 자신의 용어로 마무리하는 것이 더욱 현명한 언행입니다.

마감시한을 반드시 엄수해야 합니다. 자신이 생각한 시간보다 1시간 정도 빨리 마무리하는 것이 좋습니다. 저장하기를 수시로 눌러 놓아야 합니다. 제출하기 버튼을 누르지 않아도 마감시한이 지나면 저절로 제출하기가 됩니다. 단, 자신이 제출해야 할 자기소개서가 여러 대학이라면 제출하기를 한 시간 정도 빨리 눌러서 마음의 부담감을 줄이는 방법도 좋은 시간 관리와 마인드 컨트롤의 방법 중 하나입니다.

제출하기 전 반드시 맞춤법 검사기를 사용해서 오타와 글자 수를 검사해야 합니다. 항상 맞춤법 검사기로 자기소개서를 마무리하는 습관을 들여야, '아차' 싶은 오류들을 걸러낼 수 있습니다.

많은 대학들, 특히 상위권 대학에서는 교사추천서를 요구합니다. 학교생활기록부에서 알 수 없는 학생의 학교생활을 교사가 알려주어야 합니다. 교사추천서의 중요성은 말하지 않아도 알 수 있겠죠? 이런 까닭에 자기소개서를 제출하고 반드시 자신의 추천서를 담당하시는 선생님께 '선생님! 교사추천서 ○○일 ○○시까지입니다'라고 간단히 알려드리는 것도 좋은 방법입니다. 메모로 알려드리는 것이 더욱 좋습니다. 간혹 선생님들께서 너무 많은 학생들의 추천서를 작성하시다보면 마감시한을 깜박하실 때도 있습니다. 글로 기록한 메모가 말로 전달해 드린 내용보다 선생님들에게 보다 더 마감시한을 지켜야 하는 압박이 됩니다. 너무 무례하다고 생각하지 말고 부드럽게 말씀드려 보세요.

때로는 자기소개서 제출이 너무 늦을 것 같다는 생각을 하게 됩니다. 하지만 자신이 도움을 필요로 한다면 주위에서 도움을 구하는 것이 낫습니다. 시간에 맞게 제출하기 위한 필사적 노력이 중요합니다. 만약 마감시한에 쫓겨 제출할 수 없는 위기감이 든다면, 간결하게 마무리하세요. 그리고 제출하세요. 늦어서 제출하지 못하는 것보다 불완전한 자기소개서가 더 낫다고 생각합니다.

이렇게 해서 마지막 단계인 자기소개서 제출하기를 마무리하였습니다. 10일차를 마무리하면서 여러분들의 앞날에 무한한 성공이 깃들기를 간절히 기원합니다.

에필로그

    자기소개서 작성은 '끝은 또 다른 시작이다'라는 말을 떠오르게 합니다. 자기소개서는 고등학교 3년을 정리하는 글이기도 합니다. 고등학교 3년을 잘 마무리하는 의미이기도 하지요. 반면에 대학 입학이라는 또 다른 생활이 시작됩니다. 그런 의미에서 끝은 또 다른 시작입니다.

    필자의 대학 생활을 경험담을 학생들에게 줄곧 이야기해 줍니다. 너무나도 멋진 대학생활이었다고. 머리가 터지도록 공부를 하고, 발바닥이 터지도록 견문을 넓히고, 마지막으로 가슴이 터지도록 사랑을 하고. 이렇게 가슴에 팍팍 와 닿는 이야기를 들려주면 학생들은 대학에 대한 많은 꿈을 꿉니다.

    어떤 분들은 대학생활이 찌는 더위 속 아이스티처럼 가장 속 시원한 해결책은 아니라고 말하기도 합니다. 하지만 저의 경험으로 볼 때 대학생활은 가장 많은 사회 경험을 쌓은 곳이 아닌가 합니다. 공부와 견문, 그리고 사랑, 이 세 가지를 동시에 경험할 수 있는 유일한 곳은 바로 대학이라고 생각합니다.

    꿈을 꾸어 보세요. 신나게 역동적으로 이 세상을 멋지게 살아가는 꿈을. 미래를 꿈꾸고 열심히 노력하고 눈물을 흘리며 가슴이 터지도록 사랑과 열정을 쏟아붓는 꿈을. 그때 당시는 깨닫지 못해서 더욱더 열심히 살아가지 못한 아쉬움을 간직한 채 졸업할지도 모릅니다. 하지만 지나고 나면 가슴에 남는 인생의 멋진 한 판이었을 것입니다.

훌륭한 자기소개서로 대학에 꼭 합격하시고, 생애 다시 꿈꾸지 못할 꿈을 꿔 보세요. 대학 합격 후 인생의 버킷 리스트를 만들어 보세요. 리스트 하나하나, 성취하려는 여러분의 노력의 땀방울은 또 다른 시작이 될 것입니다. 여러분이 하나의 역사를 새롭게 써 내려가게 될 것이라고 굳게 믿으면서 글을 마칠까 합니다. 그동안 고생하셨어요. 그리고 늘 행복하세요.

2017년 5월에